„Ich tue es jetzt!“

Zielfindung und Motivation ohne Wenn und Aber

„Ich tue es jetzt!"

Zielfindung und Motivation ohne Wenn und Aber

Bianca Bolduan

Bibliographische Information der Deutschen Nationalbibliothek:

Die Deutsche Nationalbibliothek verzeichnet diese Publikation in der Deutschen Nationalbibliothek; detaillierte bibliographische Daten sind im Internet über http://dnb.d-nb.de abrufbar.

Impressum:

Nica-Verlag, Moorweg 5 a, 23816 Groß Niendorf

www.nica-verlag.de,

info@nica-verlag.

Einleitung:

„Ich tue es jetzt!"

Das klingt wie ein guter Vorsatz für das neue Jahr … oder wie pure Motivation. Es klingt entschlossen, überzeugt, engagiert.

Aber warum nun noch ein Selbsthilfe-Motivations-Entscheidungsfindungsbuch? Gibt es nicht schon genug davon auf dem Buchmarkt?

Ja und nein. Die Regale sind in der Tat gut gefüllt mit Ratgebern aller Art. Sie finden Hilfe zu jedem Thema Ihres Lebens und es gibt nichts, was nicht schon hundertfach analysiert und diskutiert wurde. Auch ich habe viele dieser Bücher gelesen. Einerseits, weil ich selbst einmal in der Situation war, wo ich Hilfe benötigt hätte, andererseits aus Neugierde. Und ich glaube, dass ich auch deshalb Coach geworden bin, weil es genau **ein** Satz war, der mich immer „auf die Palme" gebracht hat. Es war der Satz:

„Zunächst einmal müssen Sie herausfinden, was Sie wirklich wollen!"

Bingo! Super! Genau das wollte ich hören!

Grundsätzlich ist dieser Satz natürlich richtig! Sie ändern nichts, wenn Sie nicht wissen, wohin Ihre Reise gehen soll. Sie werden Ihren Frieden nicht finden, wenn Sie keine Entscheidungen treffen können und somit andere entscheiden lassen. Sie werden weder wirklichen Erfolg noch Zufriedenheit erlangen, wenn Sie ein Spielball des Lebens sind. Das ist alles richtig! Aber: „Zunächst einmal müssen Sie herausfinden, was Sie wirklich wollen!“ ist doch genau Ihr Problem. Sie wissen nicht genau, was Sie wollen, deshalb lesen Sie ja diese Bücher.

Um etwas an diesem Dilemma zu ändern, habe ich dieses Buch geschrieben. Es setzt nichts, wirklich gar nichts voraus. Ich nehme an und gehe davon aus, dass Sie mit dem Rücken an der Wand stehen, keine Ahnung haben, wer Sie sind und was Sie wollen und wirklich *überhaupt* nicht wissen, was Sie einmal werden oder erreichen möchten.

Vielleicht denken Sie nun, dass es *sooo* schlimm mit Ihnen auch wieder nicht ist. Super! Dann sind Sie anderen voraus und können vielleicht den einen oder anderen Absatz überspringen.

Aber selbst, wenn die obige Aufzählung auf Sie zutrifft und noch nicht einmal *vollständig* ist, werden Sie aus diesem Buch Ihren Nutzen ziehen können.

Doch Achtung: Es gibt zwei Spielregeln:

1. Sie wollen wirklich etwas verändern, wollen etwas für sich tun, wollen raus aus dem Teufelskreis. Und dafür dürfen Sie weder den inneren Schweinehund noch Ausreden akzeptieren. Immer dann, wenn Sie spüren, dass das „Ja, aber …“ kommt, treten Sie sich in den Hintern und überhören es.

2. Sie arbeiten mit. Ich bin Coach, kein Einpeitscher auf einer Galeere. Ich kann und will Sie zu nichts überreden oder gar zwingen. Wenn Sie lieber den Fernseher anschalten, anstatt eine Lösung für Ihr Problem zu finden, dann ist das Ihre Entscheidung. Aber dann stehen Sie auch dazu, anstatt dem „blöden Buch“ die Schuld zu geben … oder Ihrem Partner, den Kindern, Ihrem Chef oder der netten Dame beim Arbeitsamt.

Und noch etwas zum Thema „Zeit“. Ich weiß, Sie wollen sofort eine Lösung für Ihr Problem haben. Aber Ihr Problem, so brennend es auch sein mag, ist in aller Regel nicht über Nacht entstanden, es wird auch nicht über Nacht wieder verschwinden. Es gab einen Prozess, sozusagen eine „Problem-Schwangerschaft“. Geburtswehen kommen nun also nicht völlig überraschend oder unerwartet. Nur scheinbar haben Sie diese „Problem-Schwangerschaft“ ignoriert, bis Sie im zehnten Schwangerschaftsmonat waren. Nun ist der Bauch/das Problem dick, Sie sind unbeweglich, schwerfällig und schmerzgeplagt.

Ich würde Ihnen nun gern sagen, dass alles gut wird. Und das wird es ja auch – am Ende. Aber erst einmal müssen Sie durch diese Geburt hindurch. Das wird schmerzhaft, das wird anstrengend, aber am Ende halten Sie Ihr Baby/Ihre Lösung in den Händen, und all die Erinnerungen an die Wehenschmerzen treten in den Hintergrund.

Dieses Buch ist in drei Abschnitte unterteilt. Zum reinen Durchlesen werden Sie zwischen zwei und fünf Tage benötigen, je nach Ihrer eigenen Lesegeschwindigkeit. Und obwohl ich Sie zwischendurch immer wieder ermuntern werde, gewisse Aufgaben zu erledigen, werden Sie dieses Buch vermutlich erst einmal ganz durchlesen, bevor Sie sich an die Arbeit machen. Für die wirkliche Problemlösung können Sie - bei entsprechender Mitarbeit – in zwei bis drei Wochen rechnen.

Trotzdem empfehle ich, die gestellten Aufgaben schon während des Lesens „zu erledigen“. Der Grund dafür ist, dass Ihre Lösung aus Ihnen selbst heraus kommt. Und um das tun zu können, müssen Sie Ihr gebeuteltes, auf „Problem“ fokussiertes Unterbewusstsein zunächst einmal darüber informieren, dass Sie nun einen Kurswechsel in Richtung „Problem-Lösung“ einleiten. Je früher Sie nun also anfangen, Ihre Hausaufgaben zu machen, desto schneller haben Sie eine Antwort auf Ihre Frage.

Natürlich fühlen Sie sich in die Enge getrieben oder gehetzt. Ihnen steht das Wasser möglicherweise bis zum Hals. Oder Sie sind schon so lange frustriert und unzufrieden, dass Ihnen dieser Zustand allmählich auf den Organismus schlägt und Sie beginnen, körperlich krank zu werden.

Doch halt!

Frage: Wird Ihr Problem Sie oder den Erdball innerhalb dieser Wochen so stark beeinflussen, dass Sie glauben, diese Zeit nicht mehr zu haben? Wenn Sie diese Frage mit einem „Ja" beantworten müssen, brauchen Sie nicht dieses Buch, sondern einen Priester, einen Anwalt oder einen Arzt. Für alle anderen gilt: In der Ruhe liegt die Kraft! Fangen Sie mit kleinen Schritten an. Jeder Schritt macht Sie stärker und Ihr Problem kleiner. Und am Ende packen Sie es bei den Hörnern!

Fangen wir also an!

Teil 1 – das Grundprinzip

Ihr „Ich-Unternehmen"

Nun ist es also soweit: Sie wollen anfangen, Ihr Problem bei den Hörner zu packen. Das ist gut so, denn Probleme sind dazu da, uns zu zeigen, dass etwas nicht stimmig ist. Sie kommen meist klein und leise daher, nerven uns erst nur ein wenig, sind lästig und pieken uns in die Seite. Aber wirklich bedrohlich sind sie zunächst in der Regel nicht.

Da bleibt die offene Rechnung einfach einmal liegen, das Gespräch mit dem Partner wird verschoben, das dringend nötige Telefonat auf die nächste Woche vertagt. Und damit das alles erträglich wird und uns nicht ständig daran erinnert, wird der Fernseher eingeschaltet. Alles nicht so schlimm. Dumm ist nur, dass die meisten Probleme nachtragend sind. Wenn sie nicht beachtet, nicht wahrgenommen werden, wachsen sie. Sie werden groß und stark, hängen wie Mühlsteine um unseren Hals und pieken nicht mehr, sie schlagen mit dem Baseball-Schläger zu. Und das tut dann richtig weh.

Die gute Nachricht ist: Sie haben es soweit kommen lassen, Sie können es auch wieder ändern. Und damit das gelingen kann, haben Sie ein hervorragendes Team fähiger Mitarbeiter mit auf Ihren Weg durch dieses Leben bekommen. Um das zu verdeutlichen, stellen Sie sich Ihr „Ich" wie ein Unternehmen vor.

Im Empfangsbereich sitzt der Pförtner „Wahrnehmung", ein netter, geselliger Mensch, der in letzter Zeit nur leider die Angewohnheit entwickelt hat, selber zu entscheiden, wer zu Ihnen in die Chefetage darf und wer nicht. Er meldet Kunden nicht einfach in Ihrem Vorzimmer an, er sortiert sie und entscheidet selbständig, wen er zu Ihnen vorlässt. Im Laufe der Jahre oder Intensität eines Problems schafft er es doch tatsächlich, die wirklich hilfreichen „Kunden" wie

„*Lösungsansätze*", „*hilfreiche Kontakte*" und „*offene Wege*" derart auszusortieren, dass zu Ihnen nur noch Kunden wie „*Frust*", „*Isolation*", „*Angst*" und „*Wut*" vordringen können.

Ihre Arbeiter sind im ersten Stock untergebracht, doch um diese kümmern wir uns später. Zunächst fahren Sie doch bitte einmal mit dem Fahrstuhl nach oben in die Chefetage. Dort werden Sie Ihr Team kennenlernen.

Gleich vorne an, am Fahrstuhl, sitzt die Vorzimmerdame „*Erfahrung*". Wenn Sie sich diese Frau einmal genau ansehen, werden Sie feststellen, dass sie einen fix bitteren Zug um den Mund bekommen hat. Sie ist eine wahre Enzyklopädie, wenn es darum geht, Erlebnisse und Geschichten früherer Tage hervorzukramen. Und wer oder was auch immer es an dem Pförtner vorbei bis zu Ihnen in die Chefetage geschafft hat, wird nun bei einer Tasse Kaffee auf den neusten Stand gebracht. Da werden alte Kamellen aufgewärmt, Fehlschläge ausgeplaudert und Erlebnisse ein wenig hin zur Dramaturgie abgeändert erzählt, damit die Spannung nicht verloren geht. Sie schnattert und schnattert, bis der Kunde so „zugedröhnt" und verunsichert ist, dass er eigentlich nach Hause gehen möchte, anstatt Sie zu besuchen.

Direkt neben Ihrem eigenen Büro hat Herrn Verstand seinen Raum. Er ist ein ziemlich kluges Köpfchen, dieser Mann, und Sie können sich auf ihn verlassen. Aber in der letzten Zeit haben Sie immer mehr den Eindruck, dass er verbittert und nörglerisch wirkt. Er spricht Dinge nicht mehr mit Ihnen ab, hockt stundenlang grüblerisch in seinem Büro und fährt jeden an, der durch die Tür kommt. Wirklich teamfähig ist dieser Mann auch nicht, aber ihm zu kündigen? Das klingt nicht wie eine wirklich kluge Entscheidung.

Nun gehen Sie den Flur entlang, an der Teeküche vorbei, und kommen an eine Tür, die mit Staub und Spinnenweben verhangen ist. Hier scheint es schon lange kein aktives Leben mehr gegeben zu haben. Vorsichtig öffnen Sie die Tür … und siehe da: drei junge Männer (oder Frauen, wenn Ihnen das lieber ist) mit langen Jahren und zerrissenen Jeans sehen Sie erstaunt und überrascht an. Schnell schließen Sie die Tür und sehen auf dem verstaubten Namensschild nach. „*Kreativ-Werkstatt*“ steht da drauf. Wieder öffnen Sie die Tür. Der Raum ist ebenso verstaubt wie der Eingang, auf den Schreibtischen türmen sich Zettel und Zeichnungen, überall stehen Körbe, Dosen und Kartons herum. Langsam gehen Sie durch den Raum, von sechs wachsamen Augen begleitet. Wahllos greifen Sie nach einem der Zettel und erkennen erstaunt, dass darauf eine Ihrer Ideen aus früheren Zeiten steht. Doch der Zettel ist nur halbvoll beschrieben, die Schrift kaum mehr lesbar. Sie blicken in einen der verstaubten Kartons. Darin liegt ein Projekt von Ihnen. Sie erinnern sich wage, es war Ihnen einmal wichtig, doch dann geriet es in Vergessenheit.

Noch immer werden Sie von den drei jungen Menschen beobachtet, doch keiner von denen spricht Sie an.

Ohne ein Wort verlassen Sie den Raum und schließen hinter sich die Tür.

Auf dem Flur zurück zu Ihrem Büro kommt Ihnen ein smarter, junger Mann entgegen, der unter dem Arm eine dicke Unterschriftenmappe trägt. Er drängt Sie förmlich in die Teeküche und erzählt Ihnen aufgeregt und haarklein von dem tollen Auto, dass er für Sie gefunden hat. Außerdem hätte er da noch das Fernsehprogramm inklusive Zusatzkanal mit den neuesten der neuen Filme, einen supergünstigen Finanzierungsplan für Ihren nächsten Urlaub und sechs verschiedene Projekte, an denen Sie sich unbedingt beteiligen müssen. Während Sie sich alles ansehen und Ihre Unterschriften leisten, versuchen Sie mühsam, sich an seinen Namen zu erinnern, doch er ist schon längst wieder weg, ehe er Ihnen einfällt: Herr *Ablenkung* heißt er, richtig, jetzt wissen Sie es wieder. Ein Blick auf die Uhr sagt Ihnen, dass Sie gerade zwei wertvolle Stunden mit diesem Mann verbracht haben. Zwei Stunden! Was für eine Zeitverschwendung!

Nun gehen Sie zum Fahrstuhl und fahren eine Etage tiefer. Dort, in einer riesigen Halle, ist der Platz Ihrer Arbeiter. Einige von ihnen arbeiten konzentriert, einige lümmeln faul auf den Bänken herum, doch die meisten rennen geschäftig hin und her, ohne Sinn, ohne erkennbare Absicht ... und ohne Ergebnis.

Nachdenklich fahren Sie zurück auf Ihre Etage, den Blick zu Boden gerichtet, die Gedanken nach innen gelenkt. Und rums, schon ist es passiert. Sie prallen direkt in eine hagere, zickig aussehende Dame hinein, die Ihnen die Leviten liest, noch ehe Sie richtig Luft geholt haben. Und was Sie sich alles anhören müssen! Sie wären das Dümmste, was hier herumläuft, Sie sind unfähig, unkonzentriert, weder teamfähig, noch eine Führungsperson. Sie sind einfach das Letzte!

Noch während Sie der aufgebracht davoneilenden Zicke sprachlos hinterhersehen, kommt das nächste Übel bereits um die Ecke: die Damen der Buchhaltung. Das ist auch so ein Dreamteam. Die eine groß und breit, beinahe gluckenhaft aussehend, wäre da nicht die Verachtung in ihren Augen. Die andere schmal, kantig, mit einem bitteren Zug um den Mund und Sorgenfalten auf der Stirn. Und noch ehe Sie etwas sagen können, bekommen Sie die nächste Abreibung. Wie Sie sich das eigentlich vorstellen, werden Sie von der Hageren angekeift. So viele Kosten, kaum Einnahmen, viel zu wenig Bewegung auf den Konten und überhaupt, die ewig roten Zahlen würden ja nun mehr als beweisen, dass Sie als Unternehmer schlichtweg unfähig sind.

Da stehen Sie nun, reiben sich den gestoßenen Ellenbogen und wissen nicht, wie Ihnen geschieht. Und Sie fühlen sich verunsichert, unfähig, nicht ernst genommen und völlig überrannt.

Die schlechte Nachricht: Millionen von Menschen geht es so. Wir alle führen eine Art von innerem „Unternehmen" mit Mitarbeitern und Arbeitern. Doch die wenigsten wissen, wie sie diese Firma leiten sollen. Die gute Nachricht: Sie können diesen Zustand ändern!

Suchen Sie sich einen ruhigen Ort, gehen Sie sozusagen in Ihr inneres Büro und schließen Sie die Tür. Handy und Fernsehen bleiben aus, jede Form von Ablenkung wird abgeschaltet. Damit weisen Sie als erstes den smarten jungen Mann mit der dicken Aktenmappe unter dem Arm in seine Schranken.

Und nun sehen Sie sich Ihre Mitarbeiter der Chefetage einmal ganz genau an! Beginnen wir mit Ihrem Vorarbeiter, Herrn Verstand.

Wenn ich mir eine Frage erlauben darf: Wer von Ihnen beiden führt denn nun das Unternehmen? Sehen Sie einmal genau hin. Was macht er den ganzen Tag? Er grübelt und mosert und meckert und zetert. Aber ist er produktiv? Sehen Sie nach, was er in den letzten Monaten geschafft hat. War er geistreich? Hat er lösungsorientiert gearbeitet? War er „sein Geld wert"?

Stopp! Jetzt geben Sie bitte die Schuld an dem Dilemma Ihrer Firma nicht diesem armen Mann. Sie sind der Boss, Sie hätten den Zustand erkennen müssen! Aber vielleicht ist es an der Zeit, diesem Herrn ein wenig seiner Verantwortung wieder abzunehmen! Vielleicht haben Sie sich als Chef in der Vergangenheit ein wenig zu rar gemacht und Herrn Verstand blieb gar nichts anderes übrig, als die Firmenleitung zu übernehmen!

Kommen wir zu Ihrer Vorzimmerdame. Wann haben Sie der Guten eigentlich das letzte Mal so richtig herzlich einen „guten Morgen" gewünscht? Sie wissen doch, sie speichert alles ab. Doch im Moment gibt es nichts als schlechte Nachrichten, frustrierte Mitarbeiter und einen, sagen wir, etwas demoralisierten Chef. Und neulich, als der Kunde „*gute Idee*" es tatsächlich bis zu Ihnen auf die Chefetage geschafft hat, hatte die gute Frau nichts anderes als eben diese schlechten Nachrichten zu berichten. Sie hat ihn sozusagen in Grund und Boden gesabbelt und der Kunde verschwand, noch ehe Sie ihn zu Gesicht bekommen haben. Die Dame „Erfahrung " kann Ihr schlimmster Feind sein, behandeln Sie sie nett!

Nun zu Ihrem Buchhaltungs-Dreamteam. Ok, Sie haben die beiden eingestellt, Sie werden sich etwas dabei gedacht haben. Aber kann es sein, dass das Duo lange die Regie übernommen hat? Sind Sie sich sicher, dass Sie sich weiterhin so von Ihren Angestellten behandeln lassen wollen? Und … was wissen Sie wirklich über ihre Finanzen? Kontrollieren Sie die Arbeit des Dreamteams oder überlassen Sie den beiden Damen sowohl die Arbeit, als auch die Kontrolle? Denken Sie einmal darüber nach.

Was mich direkt zu der Zicke auf dem Flur am Fahrstuhl bringt. Wer glauben Sie, war das? Ehe Sie lange grübeln: es war Frau *„Entscheidung"*. Eine Furie, nicht? So ein richtiger Sympathieträger, eine Dame, die Sie auf der Stelle in Ihre Abendgebete einschließen würden, oder? Sie lässt Sie nicht mehr zu Wort kommen, entscheidet eigenständig, verfrüht, unkontrolliert, emotional – wie Sie am eigenen Leibe erfahren haben – und absolut inkompetent.

Und wer, zum Geier, hat dem Pförtner erlaubt, eigenständige Entscheidungen zu treffen? Er filtert, was bis zu Ihnen vordringt, das ist richtig und dafür wurde er auch eingestellt. Aber kann es sein, dass er nur noch Kunden wie *„Mist und Müll"*, *Frust"* und *„Ängste"* zu Ihnen auf die Chefetage lässt? Wieso glaubt dieser Mann, treue Kunden wie *„gute Ideen"*, *„Lösungen"* und *„nützliche Kontakte"* einfach blocken zu können? Wer glaubt dieser Mann zu sein? Der Chef? Es wird Zeit, ein klärendes Gespräch zu führen, würde ich sagen.

Und ein Gespräch mit der Kreativ-Abteilung ist auch mehr als überfällig. Wussten Sie eigentlich, dass Sie die drei klugen Köpfe jeden Monat bezahlen? Nein?

Zugegebenermaßen wundert mich das nicht, denn dem Verhalten Ihrer Buchhaltungs-Damen nach zu urteilen, wissen Sie auch über Ihre Lohnbuchhaltung nicht wirklich Bescheid.

Aber da Sie das Trio nun schon bezahlen, können Sie es doch auch nutzen, oder? Das sind drei helle, kluge Köpfe mit jeder Menge Spaß an der Arbeit und vielen guten Ideen. Und da sie sich den Spaß an der Arbeit noch nicht haben nehmen lassen, werden sie von den anderen gemieden wie die Schweinegrippe. Doch sie sind da! Sie sitzen jeden Tag in ihrem vollkommen verstaubten Büro und warten auf Aufträge. Sie warten auf Sie! Vielleicht statten Sie dem Trio einmal einen Besuch ab. Möglichst bald, versteht sich. Sie haben Kreativität dringend nötig. Und keine Angst; im Gegensatz zum Buchhaltungs-Dreamteam und der Kratzbürste „*Entscheidung*" beißen diese drei nicht. Aber sie warten sehnsüchtig darauf, von Ihnen wahrgenommen zu werden.

Und wenn Sie sowieso schon auf dem Weg sind, schauen Sie doch mal in das vorletzte Zimmer auf der linken Seite. Dort wartet jemand auf Sie. Sie werden erstaunt sein!

Da Sie gerade stehen: Statten Sie Ihren Arbeitern doch auch gleich einmal einen Besuch ab und sehen sich an, was Ihre Belegschaft den ganzen Tag so macht. Gehen Sie zum Fahrstuhl oder nehmen Sie die Treppe, schauen Sie sich um.

Die Halle ist voll mit Arbeitern, die Sie jeden Monat bezahlen, von Wochenendlöhnen, Sonderschichten und Urlaubs- und Krankengeld einmal ganz abgesehen. Doch wissen Sie, was diese Arbeiter den ganzen Tag tun? Nein? Hmm … !

Sehen Sie die Gruppe Arbeiter dort hinten? Die sorgt dafür, dass die Kinder versorgt sind, der Hund vor die Tür kommt, der Garten und der Einkauf gemacht sind und sich um Oma gekümmert wird. Diese Gruppe ist den ganzen Tag emsig bei der Arbeit. Manchmal scheint es, als ob sie eigentlich sogar überfordert ist. Sie rennt und buckelt und schafft. Jeden Tag, 365 Tage im Jahr. Keine Urlaubsansprüche, keine Krankmeldungen, aber alle aus der Gruppe scheinen ein wenig blass um die Nase zu sein. Doch der Rest Ihrer Belegschaft tut entweder gar nichts oder ist vollkommen unproduktiv. Sie könnten der etwas überforderten Gruppe ja helfen, tun sie aber nicht. Sie lümmeln gelangweilt herum oder rennen geschäftig hin und her, ohne am Ende eines Tages ein auch nur irgendwie greifbares Ergebnis vorweisen zu können. Aber der Urlaub wird pünktlich genommen und die Krankentagerate ist hoch.

Darf ich mir noch eine Frage erlauben? Wie lange wollen Sie sich das noch gefallen lassen?

Doch bevor Sie nun mit der Faust auf den Tisch schlagen und Ihre Arbeiter zur Schnecke machen, müssen Sie erst einmal Ihre Chefetage auf Vordermann bringen. Also zurück ins Büro und ein Meeting einberufen. Es kommen alle, und ich meine alle (!!!) an einen Tisch, auch die drei aus der Kreativabteilung und die Unbekannte aus dem Zimmer davor.

Begeistert sind sie alle nicht, Ihren werten Mitarbeiter von der Chefetage. Das Buchhaltungs-Duo und Herr Verstand werfen sich bitterböse Blicke zu, die Zicke kann nicht mit dem Pförtner, der sich wiederum mit Herrn Verstand bestens zu verstehen scheint. Die drei aus der Kreativ-Abteilung würden ja gern Kontakt aufnehmen, doch niemand beachtet sie, dafür geraten Herr Verstand und die Zicke schon beim Plätze-aussuchen derart aneinander, dass es beinahe zu einer Prügelei gekommen wäre, hätte nicht Ihre Vorzimmerdame ein Machtwort gesprochen.

Und Sie selbst gewinnen immer mehr den Eindruck, in einem Kindergarten und nicht in einem funktionierenden Unternehmen zu sein. Wenn Sie ehrlich zu sich sind, müssen Sie sich eingestehen, keine Ahnung über Ihre Finanzsituation zu haben (ich meine, die genaue Situation), die Zicke jagt Ihnen Angst ein, Herr Verstand scheint sich Ihnen überlegen zu fühlen … und die drei aus der Kreativwerkstatt haben Sie bewusst noch nie gesehen. Die Vorzimmerdame mit ihrem losen Mundwerk geht Ihnen auf die Nerven, der Pförtner schafft es nicht, Ihnen in die Augen zu sehen, und das junge Ding aus dem vorletzten Zimmer schaut einfach nur verträumt aus dem Fenster, ohne sich in irgendeiner Form zu beteiligen.

Doch bevor Sie nun völlig die Übersicht verlieren oder schlechte Laune bekommen, müssen Sie sich darüber klar werden, dass Sie es waren, der es soweit hat kommen lassen. Ihre Angestellten tun nur, was Sie ihnen sagen … oder eben auch nicht sagen. Und Sie scheinen schon lange nichts mehr gesagt zu haben. Jeder tut, was er will, keiner weiß, wohin es gehen soll, aber alle wollen Recht haben.

Es wird Zeit, dass Sie Ihren Chefsessel zurückerobern!

Das, was bisher gelaufen ist, hat Sie dorthin gebracht, wo Sie heute stehen. Da Sie dieses Buch lesen, sind Sie damit nicht zufrieden. Wenn Sie weiterhin tun, was Sie bisher getan haben, wird sich an Ihrer Situation nichts ändern. Also müssen Sie andere Wege gehen. Das mag im ersten Moment Angst machen. Wir Menschen sind Gewohnheitstiere, wir lieben unsere ausgetretenen Pfade, und neue Wege verunsichern uns. Und wir sind in der Regel Rudeltiere, die meisten von uns laufen nicht gern alleine. Aber wenn Sie einmal rechts und links von sich in die gehetzten, resignierten, ängstlichen, müden, verunsicherten, zornigen und ratlosen Gesichter Ihrer Mit-dem-Strom-Reisenden ansehen und für sich feststellen, dass das nichts mehr mit Ihnen zu tun haben soll, dann müssen Sie raus aus dem Strom.

Das Bild vom Sich-gegen-den-Strom-stellen halte ich in diesem Falle für bedenklich, denn Sie sind zur Zeit nicht sehr standsicher, die Vorstellung, sich gegen einen Strom stemmen zu müssen, produziert nur wieder mehr Angst oder Resignation.

Stellen Sie sich einfach vor, sie treten einen Schritt zur Seite. Nur einen! Der Strom derer, die alles wie immer tun, zieht an Ihnen vorbei. Wenn Ihnen dieser Randplatz immer noch zu hektisch ist, treten Sie einen weiteren Schritt zur Seite … und noch einen … und noch einen. Und schon haben Sie Ihren eigenen Minipfad betreten. Und wie Sie diesen Minipfad zu einem belastbaren Weg ausbauen, darum geht es in diesem Buch.

Um sich Ihren Chefsessel zurückzuerobern, verteilen Sie erst einmal Urlaub und Aufgaben an Ihre Mitarbeiter. Der Pförtner bekommt seinen Jahresurlaub und ist mit dem heutigen Tag vom Dienst befreit – und den inneren Schweinehund kann er gleich mitnehmen. Er hat sofort – jetzt – seinen Platz zu räumen, die nächsten Tage und Wochen darf alles und jeder zu Ihnen auf die Chefetage gelangen. Ganz gleich, ob Kunden wie *„Angst"* oder *„gute Ideen"*; jeder darf zu Ihnen kommen. Niemand wird die „Kunden" in den nächsten Wochen filtern, aussortieren oder im Vorwege bewerten.

Kaum haben Sie das ausgesprochen, geht ein Aufschrei durch den Raum. Nicht nur, dass sich Pförtner *„Wahrnehmung"* vehement gegen die Beurlaubung wehrt, Sie haben auch sofort das Buchhaltungsduo und die Zicke gegen sich. Herr Verstand runzelt die Stirn, sagt aber nichts. Doch dass er sich Notizen macht, entgeht Ihnen nicht.

Nur die drei aus der Kreativ-Abteilung horchen auf. Sie spüren deren Vorfreude auf eine neue Aufgabe, darauf, endlich wahrgenommen und eingespannt zu werden.

Das junge Ding am Fenster, von dem Sie immer noch nicht wissen, wer oder was es ist, sieht zum ersten Mal zu Ihnen hinüber, doch sein Blick geht schnell wieder zum Fenster und in die Ferne hinaus.

Nachdem Pförtner „*Wahrnehmung*" zeternd und nörgelnd mit dem sich wehrenden inneren Schweinehund den Raum verlassen hat, nehmen Sie sich das Buchhaltungs-Dreamteam vor. In Ihrem imaginären Unternehmen heißt es, Sie lassen sich die Unterlagen zeigen, in Ihrem realen Leben werden Sie wohl selbst an den Schreibtisch müssen. Prüfen Sie Ihre Finanzen. Haarklein! Wie hoch sind Ihre Einnahmen, wie hoch die Ausgaben? Alle Ausgaben! Was besitzen Sie an Wertgegenständen, wie hoch sind Ihre Schulden, wie hoch mögliche Außenstände? Rechnen Sie alles zusammen. Ganz gleich, wo Ihr momentanes Problem liegt; wer seine Finanzen aus den Augen verloren hat, dessen Fundament steht zumindest mit einem Bein auf Treibsand. Das erzeugt Unsicherheit – und Unsicherheit ist genau das, was Sie sich nicht mehr leisten werden.

Ich könnte nun sagen: „Machen Sie es jetzt sofort und lesen Sie erst danach weiter."

Ich weiß aus eigener Erfahrung, dass Sie es so nicht tun werden. Sie werden erst einmal weiterlesen, „es später machen". Auch wieder aus eigener Erfahrung weiß ich, dass es so nicht klappt, doch wie ich eingangs schon sagte: Ich bin Coach, kein Einpeitscher. Aber ich möchte Ihnen dringend ans Herz legen: Kümmern Sie sich um Ihre Finanzen, ganz gleich, was für ein Problem Ihnen im Moment wie ein Mühlstein am Hals hängt!

In Ihrem „Ich-Unternehmen" haben Sie sich nun also die Bilanzen zeigen lassen. Sie wissen jetzt mindestens so viel wie Ihr Buchhaltungs-Dreamteam – und haben ihnen damit die Macht genommen. Sie wissen, wie es auf Ihren Kontoauszügen aussieht, Sie wissen ganz genau, wann der Kredit abgezahlt ist und wann die nächste Versicherung abgebucht wird. Auch wenn Ihnen gerade ein wenig schlecht geworden ist und Sie das große Zittern bezüglich Ihrer finanziellen Situation bekommen haben; nichts ist schlimmer, als es nicht zu wissen. Die Augen vor dem Problem zu schließen, gibt ihm die Macht, größer und größer zu werden. Sie bekommen es nur in den Griff, wenn Sie sich ihm stellen und die Augen aufmachen.

Und auch dann, wenn „Geld" nicht Ihr Problem ist, ist es hilfreich und macht sicher, genau zu wissen, wie der Status quo ist. Eliminieren Sie so viele Unsicherheitsfaktoren aus Ihrem Leben, wie irgend möglich. Sie werden sehen, es bleiben danach noch genug übrig, mit denen Sie sich herumschlagen können, wenn Sie möchten.

Nachdem also nun Ihr Buchhaltungs-Dreamteam in die Schranken verwiesen worden ist, stellen Sie sich der reizenden Dame „*Entscheidung*". Ok, die Lady ist nun echt sauer. Ewig lange haben Sie sich rausgehalten, haben sie machen lassen – und nun erheben Sie mit einem Male Anspruch auf Bestimmungsrecht. Das kann einen Mitarbeiter schon verbittern! Sie müssen der Dame erklären, dass Entscheidungen zukünftig nur noch über Ihren Tisch laufen. Jede Entscheidung wird von **Ihnen** getroffen. Keine eigenständigen Entscheidungen mehr, keine emotionalen Schnellschüsse, kein Gezicke. Sie entscheiden! Die Dame darf Ihnen gern Vor- und Nachteile aufzeigen, sie darf Ihnen beratend zur Seite stehen, entscheiden jedoch tun Sie!

In Ihrem realen Leben heißt das: üben Sie! Üben Sie, Entscheidungen zu treffen. Entscheiden Sie sich ganz bewusst, jetzt eine Pause zu machen und einen Tee/Kaffee zu trinken, entscheiden Sie sich ganz bewusst, den heutigen Abend auf dem Sofa lümmelnd vor dem Fernseher zu verbringen. Und morgen entscheiden Sie sich ganz bewusst, es nicht zu tun. Lassen Sie sich nicht mehr treiben oder in irgendwelche Entscheidungen hineinzwängen. Überlegen Sie immer, wenn jemand eine Entscheidung von Ihnen will, ob Sie dies oder jenes wirklich wollen. Und dann entscheiden Sie bewusst! Sich selbst bewusst! Sie sollen üben, Entscheidungen „sich-selbst-bewusst" zu fällen!

Das verlangsamt Ihr Leben zunächst einmal auf herrliche Weise. Sie lassen sich nicht mehr hetzen, überlegen genau, lassen sich nicht mehr manipulieren und herumschubsen. Niemand kann mehr eine Entscheidung von Ihnen erzwingen, die Sie nicht bewusst, sich selbst bewusst, getroffen haben. Die Sache hat allerdings auch einen winzigen Haken: Sie können später auch niemandem die Verantwortung in die Schuhe schieben – doch dazu kommen wir weiter hinten im Buch.

Die Dame „*Entscheidung*“ wird Sie noch das ein oder andere Mal austricksen, so viel ist sicher. Sie wird es immer wieder probieren, Sie einfach überrennen, lospoltern oder Sie schlicht ignorieren. Seien Sie konsequent, aber gnädig. Immerhin waren Sie es, der es hat soweit kommen lassen. Versuchen Sie, in Ihrem verlangsamten Tempo zu bleiben, auch wenn Ihre Umwelt Ihnen für diese Entscheidung nicht gerade einen Orden verleiht. Sie haben entschieden, sich zukünftig in Ruhe zu entscheiden. Und das haben die anderen zu respektieren.

Ich höre schon die Nörgler, die meinen, für so einen Unsinn keine Zeit zu haben. Denen kann ich nur sagen: Ihre Eile, Ihre Hetze, Ihre unbewusst, spontan oder in Hast gefällten Entscheidungen haben Sie dorthin gebracht, wo Sie heute sind. Sie können gerne weiter hetzen oder meinen, keine Zeit dafür zu haben. Die Frage ist nur, ob Sie es sich leisten können, noch mehr Zeit zu vergeuden …! In der Sackgasse auf Tempo 160 km/h zu erhöhen, ändert nichts an der Tatsache, dass es eine Sackgasse ist.

Nachdem Sie nun also Ihre Wahrnehmungen erweitert und Ihre Finanzen unter Kontrolle haben, Ihre Entscheidungen in Ruhe fällen und damit Ihr Leben etwas entschleunigt haben, wenden wir uns Ihrem Herrn Verstand zu.

Der arme Kerl! Da wird er als Teammitglied eingestellt und Sie machen sich aus dem Verantwortungs-Staub. Und nun, wo der „Ich-Karren“ im Dreck steckt, macht man ihm

Vorwürfe, dass er so übermächtig, so nörglerisch und verbohrt ist. Aber was hatte er denn für eine Wahl ….? Sie waren ja nicht da!

Während Sie am runden Tisch sitzen und versuchen, Ihr „Ich-Unternehmen“ zu sanieren, sehen Sie, wie Herr Verstand einen verächtlichen Blick auf die drei Jungs aus der Kreativabteilung wirft. Und da spüren Sie, dass es Zeit für Veränderung ist.

Herr Verstand ist ein klasse Mitarbeiter und Sie werden auch nicht gänzlich auf ihn verzichten. Aber für eine kleine Weile, vielleicht zwei, drei Wochen, wird auch er in den verdienten Urlaub geschickt. Kaum haben Sie das gesagt, beginnt Herr Verstand, Sie auszulachen! Er lacht und lacht, bis ihm die Tränen die runden Wangen hinablaufen und er sich den Bauch halten muss. Ihr Unternehmen ohne Herrn Verstand? Wie soll das denn funktionieren, fragt er Sie und winkt herablassend ab. Nein, er würde nicht gehen, sagt er … und fängt wieder an zu lachen!

Nun ist der Zeitpunkt gekommen, mit der Faust auf den Tisch zu schlagen. Nun müssen Sie Farbe bekennen, Entscheidungen fällen. Herr Verstand lässt sich nicht einfach vor die Tür setzen, auch nicht für überschaubare zwei bis drei Wochen. Doch es nützt nichts. Pförtner *Wahrnehmung* mit dem inneren Schweinehund jammert auch, dass er nicht arbeiten darf, doch Sie brauchen in der nächsten Zeit ganz dringend neue Ideen. Und die kommen nun einmal nicht, wenn Sie dank Ihres aussortierenden Mitarbeiters nicht zu Ihnen vorgelassen werden. Und die wenigen, die es bis auf die Chefetage schaffen, kommen nicht zu Ihnen durch, solange sich Herr Verstand wie ein Schießhund auf sie stürzt und noch im Vorflur Ihres Büros zerfleddert. Nein, Sie müssen sich von diesen beiden durchaus ehrenwerten, aber im Moment völlig überflüssigen Mitarbeitern trennen – auf Zeit, versteht sich.

Leider werden Sie merken, dass man Ihnen entweder nicht richtig zugehört hat oder Sie nicht für voll nimmt. Denn sowohl der Pförtner, als auch die Zicke und Herr Verstand werden sich nicht an Ihre Ansage halten. Sie werden immer wieder einmal hereinschauen, sehen, was Sie so machen und ob Sie Ihre Entscheidung rückgängig machen würden. Der Pförtner wird wieder Wahrnehmungen aussortieren, ohne, dass Sie davon wirklich viel mitbekommen. Die Zicke entscheidet doch wieder allein und Herr Verstand schneit alle naselang in Ihr Büro und gibt seinen Senf zu Ihrem Handeln dazu.

Seien Sie konsequent und standhaft! Entscheidungen fällen SIE, alle Wahrnehmungen dürfen unsortiert zu Ihnen kommen und der Verstand hält, wenn er es schon nicht Zuhause und ohne Ihre Firma aushält, zumindest den Mund. Er wird sich heraushalten, ganz egal, wer oder was zu Ihnen kommen möchte. Und glauben Sie mir, dass wird ihm sehr, sehr schwer fallen!

Die Runde in Ihrem Büro lichtet sich. Der Pförtner „*Wahrnehmung*“ wurde beurlaubt, das Buchhaltungs-Dreamteam wurde entmachtet und die Zicke „*Entscheidung*“ in ihre Schranken verwiesen. Herr Verstand hat sich schmollend in sein kleines Büro zurückgezogen und arbeitet an seinem Vergeltungsplan, doch noch können Sie das ignorieren. Lassen Sie ihn einfach einmal eine Zeitlang in Ruhe, er kriegt sich schon wieder ein.

Das junge Ding am Fenster scheint sich überhaupt nicht um das Geschehen in Ihrem Büro zu kümmern. Es sieht in die Ferne und summt leise ein Lied vor sich hin. Erinnerungen drängen bei Ihnen an die Oberfläche. Irgendwoher kennen Sie diese Melodie. Doch noch ist nicht die Zeit, sich damit auseinanderzusetzen.

Zuerst einmal sollten Sie sich die Mitarbeiter Ihrer Kreativabteilung ansehen. Diese Jungs würden ja gerne …,

Sie lassen sie nur nicht. Denn trotz aller Kreativität braucht das Trio einen klaren Auftrag. Und solange Sie nicht wissen, was Sie wollen, sind die Jungs arbeitslos. Sie hocken den ganzen Tag in ihrem verstaubten Büro und warten. Warten darauf, dass Ihnen etwas einfällt, womit sie sich dann beschäftigen können. Hin und wieder entwickeln die Drei eine eigene Idee und legen Sie Ihnen auf den Schreibtisch. Da die Jungs aber keine Ahnung haben, was Sie eigentlich wollen, wohin die Reise Ihres Ich-Unternehmens gehen soll, und Sie sowieso ständig Ihre Meinung ändern, kommt nichts Gescheites dabei heraus. Um lösungsorientiert arbeiten zu können, muss Ihnen als „Unternehmer" das Problem klar sein – und dann erteilen Sie den Auftrag zum Kurswechsel!

Und genau damit fangen wir nun an.

Der Auftrag:

Kein Unternehmen, ob real oder surreal, wie in unserem Beispiel, funktioniert ohne klares Konzept. Sie würden ja auch nicht eine Firma gründen, zwanzig Leute einstellen und sich dann erst Gedanken darüber machen, was Sie eigentlich tun oder herstellen wollen. Ohne klare Strategie werden Sie weder erfolgreich werden, noch die richtigen Leute beschäftigen. Nach welchen Kriterien sollten Sie sie auch aussuchen?!

Nun ist genau das aber Ihr Problem, Sie wissen nicht, was Sie wollen. Und um das zu ändern, lassen Sie einen Teil Ihrer Angestellten, nämlich die Kreativabteilung, endlich zu Wort kommen und konstruktiv für sich arbeiten.

Schildern Sie ihnen das Problem! Und für Ihr reales Leben heißt das: schreiben Sie Ihr Problem auf einen Zettel. Möglichst kurz, möglichst präzise.

Beispiele: „Wie kann ich mehr Geld verdienen?", „Wie finde ich den richtigen Beruf für mich?", „Wie finde ich den richtigen Partner für mich?", „Wie löse ich das Problem mit meiner Schwiegermutter/Kollegin/Angestellten/?", „Was soll ich aus meinem Leben machen?" usw., usf.

Wenn Sie fertig sind, schieben Sie den Zettel zu dem Trio hinüber, in Ihrem realen Leben hängen Sie ihn sich an die Pinnwand, an den Spiegel oder an sonst eine Stelle, an die Sie jederzeit herankommen können. Bitte legen Sie auch einen Stift dazu, damit Sie zukünftig nicht immer erst auf die Jagd nach einem Kugelschreiber gehen müssen.

Noch einmal: Schließen Sie die Augen, stellen Sie sich Ihr imaginäres Büro vor und schieben Sie den Zettel mit dem „Auftrag" zur Kreativgruppe über den Tisch. Tun Sie es! Jetzt! Und dann lehnen Sie sich entspannt zurück. Der Auftrag ist erteilt und Sie haben phantastische Mitarbeiter. Diese werden sich nun um das Problem nicht nur kümmern, sie werden sich förmlich überschlagen, Ihnen supergute Ideen zu präsentieren.

Aber Achtung:

Halten Sie die Augen nach dem Pförtner und Herrn Verstand offen! Die Kreativabteilung hat zwei Wochen Zeit, Ideen zu entwickeln, und Sie wollen jede einzelne davon sehen. Niemand darf dem Trio reinreden, niemand darf die Jungs einschüchtern oder mit ihnen meckern. Sie dürfen sich zwei Wochen lang so richtig austoben. Und Sie werden sich wundern, wie kreativ die Drei sein werden. Da werden Ideen entstehen, auf die Sie mit dem Verstand, der Zicke im Genick und dem selbstgefälligen Pförtner in der Loge nie selbst gekommen wären.

Wenn Sie nun meinen, dass das alles Unsinn ist und das so nicht klappen kann, dann muss ich Sie bitten, Ihren Herrn Verstand noch einmal ausdrücklich vor die Tür zu setzen. Denn dieser ist es, der Ihnen innerhalb von Sekunden eine lange Liste schreibt, wieso die Kreativabteilung Ihres „Ich-Unternehmen“ nicht in der Lage sein wird, die wirklich schwierige, aussichtslose und alles erdrückende Situation zu beheben. Machen Sie ihm – und sich selbst – klar, dass es der Verstand und die Entscheidung waren, die Ihr Unternehmen erst in diese Lage gebracht hat. Und nun wird es die Kreativabteilung sein, die den Karren aus dem Dreck ziehen wird.

Lassen Sie es zu! Was haben Sie zu verlieren – außer vielleicht zwei Wochen Zeit?

Denn nun geschieht folgendes: Ihr Unterbewusstsein hat einen klaren Auftrag bekommen. Es wurde eine klare, präzise Frage gestellt. Und auf klare, präzise Fragen gibt uns das Unterbewusstsein auch klare, präzise Antworten!

Solange sich Ihr ganzes Denken und Handeln immer wieder um das Problem dreht, kann es keine Lösung geben. Solange Sie es mit der Zicke „*Entscheidung*“ auf dem Flur und dem nörgelnden Herrn Verstand zu tun haben und der Pförtner Ihnen eh nur Mist nach oben auf die Chefetage schickt, können Sie keine Lösung finden. Es geht nicht! Sie sind fest in Ihren Gedanken, Ihr Körper ist verspannt, Ihre Atmung flach. Wie soll da die Kreativabteilung produktiv arbeiten können, bei der Stimmung im Unternehmen und ohne klare Arbeitsanweisung?

Wenn Sie sich aber vorstellen, diese fähigen Mitarbeiter wirklich zu haben, können Sie sich entspannen. Die Jungs (oder Mädels ...) sind spitze, die können das. Das ist ihr Beruf! Und sie arbeiten mit Leidenschaft. Also vertrauen Sie ihnen, Sie sind ja auch bereit, mit der Zicke, dem Buchhaltungs-Dreamteam und dem Verstand zusammenzuarbeiten. Warum also nicht auch mit dem Trio?

Sehr bald schon werden Sie feststellen, dass Ihnen Ideen kommen. Einfach so. Und nun sind Sie dran. Schreiben Sie diese Gedanken auf den am Spiegel oder sonst wo klebenden

Zettel mit dem formulierten Auftrag. Jede einzelne, auch dann, wenn Sie Ihnen vollkommen unsinnig erscheint. Denken Sie daran; jeder Zweifel, jedes abwertende Kopfschütteln kommt nicht von Ihnen, sondern von Ihrem Pförtner, der Zicke und Herrn Verstand. Und diese haben im Moment Sendepause!

Wie unsinnig, blöde, unwahrscheinlich, undurchführbar, wahnsinnig, größenwahnsinnig, unrealistisch oder überzogen Ihnen diese Ideen auch erscheinen mögen, schreiben Sie sie auf! Papier ist geduldig, heißt es.

Nehmen wir ein Beispiel:

Sie arbeiten in einer Tretmühle, wissen aber überhaupt nicht, was Sie stattdessen machen sollen. Ihre wahre Berufung hüllt sich seit Jahren in den Mantel des Schweigens und hat jede Kommunikation mit Ihnen eingestellt. Und Sie haben nicht die leiseste Idee, was Ihr Traumberuf sein könnte.

Nun haben Sie der Kreativabteilung Ihres „Ich-Unternehmens“ den Auftrag erteilt, Ideen zur beruflichen Weiterentwicklung zu erarbeiten. Und die Jungs (oder Mädels) haben sich auch sofort an die Arbeit gemacht. Und plötzlich spuken Ihnen Ideen wie: „Ich könnte mich selbständig machen.“, „Ich könnte mein Geld damit verdienen, anderer Leute Hunde zu sitten.“, „Ich werde Blumenverkäufer.“ oder „Ich könnte den Kiosk bei uns im Dorf übernehmen.“ im Kopf herum.

Herr Verstand kriegt entweder einen Lachkrampf oder einen Wutausbruch und die Zicke einen hysterischen Anfall. Jeder der beiden hat sofort eine ellenlange Liste parat, wieso das der größte Blödsinn oder die idiotischste aller möglichen Ideen sei. Und Sie, problemgebeutelt und mit dem Rücken an der Wand, glauben den beiden sofort und verwerfen eine Idee, kaum dass sie das Licht der Welt erblickt hat.

Warum?

Warum glauben Sie den beiden und nicht der Kreativabteilung?

Ich will es Ihnen sagen: Es sind ja nicht nur die beiden reizenden Mitarbeiter, die Ihnen das Leben schwer machen. Da sind noch der Pförtner und die Vorzimmerdame „*Erfahrung*“. Und diese Vier zerfleddern gemeinsam eine Idee, noch bevor diese weiß, dass sie eine ist.

Kaum nämlich haben Sie es geschafft, die Idee mit dem „Blumenverkaufen“ auf das Papier zu schreiben, da fallen die vier reizenden Mitarbeiter, von denen immerhin zwei Zwangsurlaub haben, über Sie her. Wie Sie es wagen könnten, überhaupt darüber nachzudenken, einen solchen Unsinn zu machen! Ihnen stünde das Wasser auch so schon bis zum Hals, wie können Sie da Ihre kostbare Zeit mit einem solchen Quatsch vergeuden, anstatt sich einen Kopf zu machen, wie Sie den Laden retten können? Und überhaupt: Wissen Sie eigentlich, was Sie im Monat an Blumen umsetzen müssten, damit Sie davon leben können? Und wer soll die Krankenversicherung bezahlen? Und die Miete? Und was ist, wenn die Menschen einen Monat lang keine Blumen kaufen? Was machen Sie dann?

Ihre Vorzimmerdame scheint nur auf diesen Moment gewartet zu haben, denn sie hat schon eine lange Liste in ihrer Mappe, auf der sie all die Argumente aufgeschrieben hat, die dagegen sprechen: Ihre finanzielle oder familiäre Lage ist nicht so, dass Sie es sich leisten können … und außerdem mache sich heute, bei der finanzwirtschaftlich gebeutelten Zeit, sowieso niemand mehr damit selbständig. Dann wären Sie sowieso nicht der Typ, geschafft hätten Sie es bisher ja auch nicht, … und die Nachbarn würden sich totlachen darüber.

Und schon ist es aus mit der Idee vom Blumenverkaufen. Doch vielleicht wären Sie der beste Blumenverkäufer der Stadt geworden! Vielleicht hätten Sie schon bald Filialen in allen großen Städten, weil aus dieser kleinen Idee eine weitere, größere entstanden wäre.

Deshalb bitte ich Sie nicht, ich fordere Sie auf: Schreiben Sie auf jeden Fall *alle* Ideen auf, die sich in Ihr Bewusstsein vorarbeiten. Zwei Wochen lang notieren Sie alles, was Ihnen mit einem Male einzufallen scheint, was Sie lesen oder Sie sonst wie anspricht. Und glauben Sie mir, Sie werden erstaunt sein, was an Ideen alles aus der Kreativabteilung kommt. Das Trio ist so begeistert davon, endlich Arbeit zu haben, dass es gerne Überstunden in Kauf nimmt.

Ganz gleich, ob es um Ihren Beruf, Ihr allgemeines Leben und den Sinn desjenigen geht, ob es sich um Geld oder Probleme mit anderen Menschen handelt, die Vorgehensweise ist immer dieselbe. Formulieren Sie einen klaren Auftrag für Ihre Kreativabteilung und dann schreiben Sie zwei Wochen lang alles auf, was Ihnen dazu einfällt. Ungefiltert und unzensiert, versteht sich.

Ich sehe, dass Sie sich unwohl fühlen. Zwei Wochen, das scheint eine lange Zeit zu sein, um scheinbar nichts zu tun. Aber Sie tun mehr, als Sie glauben und in der Vergangenheit an Produktivem getan haben.

Doch bevor wir weitermachen, lassen Sie mich Ihnen etwas über die Angst erzählen. Dafür nehme ich Sie mit auf eine Reise weit zurück in die Menschheitsgeschichte.

Früher, als wir noch Mammuts hinterher jagten und von Säbelzahntigern gefressen wurden, war unsere Angst für unser Überleben notwendig. Damals, beinahe nackt, ohne nennenswertes Gebiss oder sonstigen Verteidigungsmöglichkeiten, waren wir darauf angewiesen, unseren Feind zu entdecken, bevor er uns wahrnahm. Jeder Feind aber war schneller, konnte besser hören, besser riechen und war vor allem nervenstärker als wir. Und dann standen wir da, mit dem Rücken an der Felswand, nur mit einem Lederhemdchen bekleidet und einem Stöckchen in der Hand, vor uns der Säbelzahntiger. Zähne bis zu den Ohren,

Klauen, so scharf wie Klingen, und mit einem furchtbaren Hunger im Magen. Was konnten wir tun? Weglaufen? Wohin? Bei einem Urzeit-Wildschwein konnte man sich vielleicht noch auf einen Baum retten, bei einem Säbelzahntiger war das eine ziemlich dumme Idee. Angreifen? Womit denn? Mit dem Stöckchen und – später dann – mit ein wenig Steinspitze vorne drauf? Damit könnten Sie heute vielleicht einen kleinen Hund einschüchtern, damals mit den Säbelzahntigern wird das kaum funktioniert haben.

Wenn also Weglaufen und Angreifen nicht ging, was haben wir dann damals gemacht?

Ich sag´s ja nicht gerne, aber … wir haben uns fressen lassen! Und darauf war unser Programm „Angst" einfach perfekt vorbereitet.

Was geschieht, wenn wir Angst haben? Wir machen uns „vor Angst in die Hose" (Fluchttiere setzen Kot und Urin ab, um schneller fliehen zu können), wir atmen flach (unser Körper beginnt, Stresshormone zu produzieren und bestimmt körperliche Wahrnehmungen abzuschalten), wir spannen die Bauchdecke an (damals unsere einzige – wenngleich auch beinahe lächerliche - Möglichkeit, innere Organe zu schützen) und unser Hirn arbeitet mit jeder Sekunde langsamer. Wir können, wenn wir Angst haben (oder uns Sorgen machen) kaum einen klaren Gedanken fassen. Wir verharren wie das Kaninchen vor der Schlange oder fliehen kopflos und panisch. Beide Varianten waren dem Säbelzahntiger damals recht, wir kamen ja nicht weit. Er griff uns an, fuhr mit seinen rasierklingenscharfen Krallen durch unsere ach so schützend angespannte Bauchdecke, riss uns mit seinen Zähnen die Kehle auf und ….!

Davon haben wir nicht viel mitbekommen. Dank der Angst und der dadurch langsameren Hirntätigkeit, durch das viele Adrenalin im Körper und der flachen Atmung, die dafür sorgte, dass unsere Nerven den Schmerz kaum noch wahrnahmen, blieb uns eine Menge erspart. Und es ging schnell. Ein Säbelzahntiger oder Urzeit-Wildschwein vergeudete seine für ihn lebensnotwendige Energie nicht damit, uns stundenlang durch die Prärie zu jagen.

Und heute? Heute gibt es keine Säbelzahntiger oder Urzeit-Wildschweine mehr. Aber die Angst ist geblieben, doch diese richtet sich heute gegen ganz andere „Gefahren" wie z.B. Partner, Banken, Finanzämter und dergleichen, lässt uns nachts nicht zur Ruhe kommen und hindert uns daran, Lösungen für unser Problem zu finden.

Wir machen uns auch heute noch „vor Angst in die Hose", atmen flach, sind an- und/oder verspannt und unser Körper ist häufig randvoll gefüllt mit Stresshormonen. Das Problem ist, dass diese Angst nicht nach wenigen Minuten vorbei ist. Früher wurden wir gestellt, das Vieh griff an und wir waren tot. Nicht schön, aber es ging wenigstens schnell. Heute haben wir ständig Angst, ja, viele Menschen leben ihr ganzes Leben in Angst. Und dafür gibt es, zumindest hier in Deutschland, nicht einen einzigen guten Grund. Hier werden wir in der Regel nicht von menschlichen oder tierischen Raubtieren gejagt. Die Angst, die wir heute haben, hat andere Gründe. Und die schauen wir uns jetzt einmal an.

Vor was haben die Menschen Angst? Vor was haben Sie Angst?

Die üblichen Antworten auf diese Frage lauten: Armut, Arbeitslosigkeit, Einsamkeit, Isolation durch Krankheiten (HIV, Demenz u.ä.), Altersarmut, Krankheit, Verlust von Partnern oder Kindern, Verlust von Anerkennung, Verlust von Dingen (Haus, Firma, Geld), Angst vor Demütigungen, z.B. durch Insolvenz oder Geschäftsaufgabe, Angst vorm Scheitern, Angst davor, nicht geliebt zu werden, usw., usf..

Diese Liste ist natürlich nicht vollständig, doch sie zeigt jetzt schon, dass sich die Angst durch unser ganzes Sein zieht. Sie belastet jeden Aspekt unseres Lebens und hindert uns dadurch, glücklich und zufrieden zu sein.

Jetzt sind Sie wieder dran. Nehmen Sie sich einen weiteren, diesmal kleinen Zettel und schreibe Sie auf, wovor Sie Angst haben. Bitte wieder kurz und prägnant sein, Sie sollen der Angst nicht noch mehr Energie geben, indem Sie ihr eine Enzyklopädie widmen. Ein, zwei Sätze sollten genügen. Nun formulieren Sie sowohl Ihr Ziel, als auch Ihre Angst so um, dass daraus ein klarer Arbeitsauftrag entsteht.

Nehmen wir zwei Beispiele:

1. Beispiel:

Sie sind arbeitslos, die Jobangebote von der Agentur sind indiskutabel und Sie haben keine Ahnung, wie es weitergehen soll. Sie würden so gerne …, aber Sie wissen nicht was. Und Ihre größte Angst ist, in Hartz IV abzurutschen und damit finanziell ohne Spielraum festzusitzen.

Der Auftrag für die Kreativabteilung, bzw. für Ihr Unterbewusstsein lautet:

Ideen für die berufliche Weiterentwicklung kreieren

Ihre größte Angst ist:

Ich rutsche in Hartz IV ab und habe kein Geld mehr.

Auf dem Zettel, den Sie Ihrer Kreativabteilung geben, bzw. an Ihren Zettel pinnen, könnte stehen:

Berufsidee entwickeln

und Verdienstmöglichkeiten raussuchen.

2. Beispiel:

Sie sind selbständig, doch irgendwie läuft es nicht. Sie kommen gerade so über die Runden, sind angestrengt und überlegen immer wieder, alles hinzuwerfen. Es reicht eigentlich vorne und hinten nicht und überhaupt .., eigentlich sind Sie reif für die Insel.

Der Auftrag für die Kreativabteilung könnte lauten:

Ideen für berufliche Verbesserungen entwickeln

Ihre größte Angst ist:

Ich bin den Anforderungen nicht mehr gewachsen und weiß nicht, ob das alles überhaupt noch einen Sinn macht.

Auf dem Zettel, den Sie Ihrer Kreativabteilung einreichen, könnte stehen:

Berufliche Alternativen oder Zusatzverdienstmöglichkeiten entwickeln, die mir mehr Freiraum und Zeit für mich erlauben.

Und dann schließen Sie die Augen, gehen in Ihre imaginäre Kreativabteilung und schieben den Jungs dort diesen Zettel hin. Das ist der Arbeitsauftrag, sagen Sie. Und dann gehen Sie. Keine weitere Ansage, kein Gejammer, keine Vorschläge, wie das Trio das Problem lösen sollte.

Bisher haben sich Ihre Gedanken gedreht wie ein Hamster im Rad. Sie machten sich große Sorgen und hatten Angst. Das ist verständlich, das ist menschlich … und das bringt Sie nicht weiter.

Nun aber geschieht folgendes: Durch den klaren Auftrag beginnt Ihr Unterbewusstsein, sich nach Lösungen umzusehen und nicht um das Problem zu kreisen. Das ist wie mit dem Auto oder den Babys: Kaum haben Sie sich entschieden, ein bestimmtes Auto zu kaufen, sehen Sie dieses Auto überall. Oder Sie erwarten ein Kind, und schon laufen Ihnen ständig Schwangere oder Mütter mit Kinderwagen über den Weg. Ihr Traumauto und Babys gab es vorher auch, doch nun ist dieses Thema in Ihren Fokus gerückt … und schon nehmen Sie wahr, dass es um Sie herum von Traumautos oder Babys nur so wimmelt.

Memo an Pförtner:

Sie bleiben gefälligst zu Hause, ich will Sie hier nicht vor Ablauf der vereinbarten zwei Wochen sehen!

Ihr Pförtner „*Wahrnehmung*“, Herr Verstand, die Vorzimmerdame „*Erfahrung*“, das Buchhaltungs-Dreamteam, sowie der smarte Typ „*Ablenkung*“ haben sich bisher um Ihr Problem gekümmert. Sie gründeten Arbeitsgruppen, beschäftigten sich rund um die Uhr mit der Problematik und analysierten sie, hielten hitzige Debatten ab und forderten Statistiken an. Doch lösen konnten sie das Problem nicht.

Wer sich auf das Problem konzentriert, fokussiert sich darauf. Auf das *Problem*, wohl gemerkt. Die Kreativabteilung hingegen fokussiert sich, nachdem sie dann endlich den Auftrag erhalten hat, auf die *Lösung*. Die drei Typen interessieren sich nicht im geringsten für Finanzen und Statistiken, es geht ihnen sonst wo vorbei, dass der Neffe eines Bekannten väterlicherseits vor 30 Jahren damit schon auf den Bauch gefallen ist … und von der angeblichen Weltwirtschaftskrise haben sie noch nie gehört. Das Trio lässt sich nicht einschüchtern von Steuererhöhungen, Krankenkassenbeiträgen und Subventionskürzungen. Es macht sich keinen Kopf darüber, dass Sie, der Auftraggeber, in 20 Jahren krank werden könnten. Das Trio arbeitet heute an der Lösung eines Problems von heute. Und in 20 Jahren, wenn Sie dann tatsächlich krank werden sollten, wird es an der Lösung dieses Problems arbeiten. Vorausgesetzt, es bekommt einen klaren Auftrag von Ihnen. Aber ich bin mir sicher, in 20 Jahren haben Sie das Prinzip derart verinnerlicht, dass Sie dann damit keine Probleme mehr haben werden.

Zurück zu unserem Lösungsansatz: Wichtig ist, dass Sie jede, aber auch wirklich jede Idee, die sich in den kommenden Tagen und Wochen zu Ihnen auf die Chefetage traut, auch tatsächlich begrüßen, d.h. aufschreiben. Sie wissen ja gar nicht, was diese unscheinbare, unglaubliche, provokante, schüchterne, schrille oder verrückte Idee, die sich für morgen, 14.30 Uhr, bei Ihnen angemeldet hat, noch alles im Gepäck hat. Vielleicht ist diese Idee nur der Anstoß für eine viel größere Idee, die sich entwickelt.

Ein Beispiel gefällig?

Eine meiner Klientinnen, deren Geschichte ich erzählen darf, war damals 53 Jahre alt, unglücklich verheiratet, lebenslang Hausfrau und Mutter von drei inzwischen erwachsenen Kindern - und konnte ihr Leben nicht mehr ausstehen. Ihr Mann beachtete sie nicht, ihre Kinder waren aus dem Haus und gingen ihre eigenen Wege und die tägliche Hausarbeit machte sie krank und aggressiv. Sie wollte raus aus allem, hatte aber nicht die leiseste Idee, wie sie das anstellen sollte. Sie hatte keinen Beruf erlernt, hatte kein eigenes Geld und eine Idee hatte sie auch nicht. Das einzige, wovon sie etwas verstand, war Kinder großziehen und Rosen. Ihr Garten war eine einzige Rosenlandschaft. Ein Beruf mit Kindern kam für sie überhaupt nicht in Frage und da man von Rosen im Garten auch nicht leben kann, übergab sie einen klaren Auftrag an ihre innere Kreativabteilung. Dabei ging es ihr nicht ums Geldverdienen, doch sie wusste, dass sie ganz dringend etwas brauchte, das ihrem Leben wieder einen Sinn gab.

Es dauerte etwa eine Woche, da war der Zettel an ihrer Pinnwand voll geschrieben. Und die meisten Ideen kreisten um Rosen. Da ihr Mann weder willens noch in der Lage war, mit ihr über ihre Ideen zu reden, besuchte sie einen Computerkurs und lernte, mit dem Internet umzugehen. Sie begann, sich in Foren auszutauschen, lernte Rosenzüchter kennen und besuchte Veranstaltungen. Ihr Leben begann, reicher an Verabredungen und Kommunikation zu werden. Und je reicher es an Kontakten wurde, desto mehr kamen dazu.

Heute lebt sie noch immer mit ihrem nörgelnden Mann zusammen, doch sie hat gelernt, ihn in seiner Art zu akzeptieren. Sie hat sich bewusst noch einmal für ihn und gegen eine Trennung entschieden und gestaltet ihr Leben selbständig. Sie ist nicht mehr abhängig davon, dass die Kinder zu Besuch kommen oder dass Festtage anstehen, die sie aus ihrer öden Routine reißen. Sie bestimmt *selbst-bewusst* und *selbst-ständig*, was sie aus ihrem Tag macht. Und mit dieser Entscheidung veränderte sich eine Menge mehr. Aus der sich klein und unbedeutend fühlenden Frau mit einem ständigen Seufzen in der Stimme wurde eine lebhafte Endfünfzigerin, die so viel um die Ohren hat, dass sie keine Zeit mehr damit verbringen will, dem Leben oder dem Schicksal, ihrem Mann oder den Umständen irgendwelche Schuld in irgendwelche Schuhe zu schieben. Wenn wir uns heute treffen, dann reden wir über Veranstaltungen und Rosen und Auszeichnungen für besondere Rosen und und und. Über was wir nicht mehr reden, sind Kinder, die keine Zeit für die Mutter haben, Bügelwäsche, die kein Ende nimmt und dem Ticken der Küchenuhr, die ihr drei Jahrzehnte lang täglich klargemacht hat, dass ihre innere Uhr abliefe und ihr Leben am Ende vollkommen unbedeutend gewesen sein würde.

Was sagt uns dieses Beispiel? Hören Sie auf Ihre Kreativabteilung!

Mein Lieblingsbeispiel allerdings ist Ralf. Ralf war der Inbegriff eines pubertierenden Albtraumes, damals 17 Jahre alt, erziehungs- und beratungsresistent und unglaublich faul. Diesen jungen Mann hätte ich während der ersten Zeit unseres Coachings am liebsten in den Hintern getreten und geschüttelt. Mann, was für ein Bengel! Dabei war er nicht dumm, sondern einfach nur zu faul zum Nachdenken und nicht bereit, zu erkennen, dass sein Leben nicht auf dem Sofa seiner Eltern stattfinden würde.

Während seine Mutter Angst hatte, dass er auf die schiefe Bahn geraten könnte, konnte der Vater es gar nicht abwarten, den Spross vor die Tür zu setzen. Alles in allem eine glückliche Familie …!

Es dauerte lange, bis Ralf mir erzählen konnte, dass er mit dem Ganzen, Schule, Ausbildung usw., nichts anfangen könne. Er fühlte sich damit nicht wohl, es ging, wie er mir sagte, über das hinaus, was er für sich akzeptieren konnte. Nun ist das eine Aussage, die bei Jugendlichen nicht ungewöhnlich ist, dennoch ließ ich mich darauf ein. Wie denn die Alternative aussehen würde, hatte ich gefragt. Er wusste es nicht. Er wusste nur, dass der „normale" Weg nichts für ihn sei. Und das erste Mal zeigte er die Angst, die hinter all seiner Verbohrtheit und Frechheit saß. Er ließ sich schließlich auf das „Spiel" mit der Kreativwerkstatt ein … und auch hier dauerte es nur wenige Tage, bis er die ersten Antworten hatte.

Was viel länger gedauert hat, war, seine Eltern davon zu überzeugen, Ralf gehen zu lassen. Und erst, als Ralf zugesagt hatte, die Schule zu beenden, war der Vater bereit gewesen, dem Sohn ein Ticket nach Spanien zu kaufen. Dort lebt Ralf heute, hat erst als Animateur in einem Hotel gearbeitet und ist heute Angestellter einer bekannten Tauchschule. Er machte seine Tauch- und Motorbootscheine, lebt in einer WG und sorgt für sich.

Nun ist dieser Weg vielleicht nicht der, den wir uns für unsere Kinder wünschen würden, doch darum geht es nicht. Es geht darum, dass Ralf und alle, die ihren eigenen, individuellen Minipfad betreten haben, glücklich sind. Ralf wird sich auch dann wieder an seine Kreativabteilung wenden, wenn er eines Tages merkt, dass dieser Weg nun nicht mehr der Richtige für ihn ist. Er wird weitergehen, weit ab vom Mainstream, weit ab von dem, was „normal" ist. Aber er wird seinen Weg gehen, und das ist doch das, worauf es ankommt.

Ralf und seine Geschichte haben mich berührt und davon überzeugt, dass es jeder schaffen kann, individuell zu leben und trotzdem seinen Part zu erfüllen. Ralf ist nicht abhängig von staatlichen Zuschüssen, er liegt weder den Eltern noch sonst wem auf der Tasche. Er verdient sein eigenes Geld und macht das, was ihm Spaß macht. Für mich ist Ralf einer der Menschen, die wirklich ihr Leben leben. Ralf lebt *sein* Leben, nicht das, was seine Eltern sich gewünscht hätten, nicht das, was die Norm uns sagt. Er lebt sein eigenes Leben und läuft seinen eigenen Minipfad entlang.

War es einfach? Ganz sicher nicht. Die Diskussionen mit Lehrern und Eltern waren anstrengend, die Disziplin, den Schulabschluss zu machen, stand oft auf ganz wackeligen Beinen und das Ausmaß seines inneren Schweinehundes nahm häufig Doggengröße an. Doch er blieb – meistens – standhaft.

Und wenn Ralf das kann, dann können Sie das auch. Manchmal bedeutet es, sich umzustellen. Manchmal bedeutet es, umzuziehen oder sich zu trennen, alles hinter sich zu lassen, etwas zu verlieren und noch einmal ganz von vorne anzufangen. Manchmal ist das Gehen des eigenen Weges schmerzhaft und einsam. Aber nur kurz, denn dann kommen neue Kontakte und neue Gelegenheiten dazu. Und je öfter Sie bewusst Entscheidung treffen, je öfter Sie Ihren Pförtner in die Schranken verweisen und offen sind für neue

Eindrücke und Ideen, desto breiter wird dieser Weg. Die Jungs aus der Kreativabteilung sind bei Ihnen fest angestellt, es gibt keinen Grund, sich vor neuen Situationen zu fürchten. Erteilen Sie klare Aufträge und hören Sie danach zu, was Ihnen das Trio zu sagen hat.

Teil 2 – Praxisteil

Zielfindung

Sie haben bis hierher gelesen, können sich Ihr „Ich-Unternehmen" vielleicht sogar vorstellen – doch noch immer haben Sie keine Idee, wohin Ihre Reise gehen soll. Sie geben zwar zu, dass die Grund-Idee dieses Buches nicht schlecht ist, aber eine wirkliche Lösung haben Sie noch nicht. Sind das so etwa die Gedanken, die Ihnen im Kopf herumgeistern?

Entspannen Sie sich. Ich bin ja noch nicht fertig.

Wichtig ist, zu erkennen, dass Sie weit mehr sind als diese frustrierte Person, die verzweifelt nach einem Strohhalm greift. Sie sind mehr als das, was in Ihnen tobt und Angst hat. Sie sind mehr als dieses eine Gefühl, nicht zu wissen, wo Sie hingehören oder was Sie machen sollen. Sie bestehen nicht nur aus Ihrem Pförtner „*Wahrnehmung*", der zickigen Dame „*Entscheidung*", der Vorzimmerfurie „*Erfahrung*" und Ihrem Verstand. Diese vier Mitarbeiter sind allerdings die zurzeit aktivsten in Ihrem Unternehmen. Der Pförtner lässt nur noch ganz bestimmte Kunden, d.h. Gefühle, Ideen, Empfindungen zu Ihnen auf die Chefetage vor, die dann sofort von der Vorzimmerdame mit all den Erfahrungen Ihres und aller anderen Leben auf diesem Planeten überschüttet werden. Kommt nun der Kunde „*Angst*" zu Ihnen, saugt er die Geschichten der Vorzimmerdame auf, fühlt sich bestätigt und wird größer und größer.

Kommt aber die etwas schüchterne Kundin „*gute Idee*" in Ihr Haus und schafft es tatsächlich am Pförtner vorbei, wird sie von Ihrer reizenden Mitarbeiterin „*Erfahrung*" mit all jenen schrecklichen Geschichten überschüttet, die sie schon in Ihrem Unternehmen erlebt hat. Und nicht nur in Ihrem

Unternehmen. Ihre Freundinnen haben ähnliche Geschichten, und die Großtante mütterlicherseits hat so etwas auch schon erlebt, und natürlich weiß jedes Kind, dass solch dumme Ideen einfach keine Chance auf dem Markt haben. Und überhaupt … und so. Eingeschüchtert und frustriert verlässt die *„gute Idee"* Ihr Haus und sieht zu, nie wieder auch nur in die Nähe dieses – Ihres - furchtbaren Unternehmens zu kommen.

Und Sie hocken in Ihrem schicken Büro auf Ihrer modernen Chefetage und kriegen davon bewusst überhaupt nichts mit, wundern sich aber, warum es bei Ihnen nicht weitergeht.

Wie schon im ersten Teil beschrieben, müssen Sie die Strategie ändern. Sie müssen weg von diesem ausgetretenen Pfad, der Sie nirgendwo mehr hinführt. Ihr Problem ist inzwischen so stark, so mächtig und beherrschend geworden, dass Sie es sich nicht mehr leisten können, es weiterhin mit Angst oder Untätigkeit zu füttern. Sie müssen es stattdessen aushungern, ihm den Boden unter den Füßen wegziehen und ihm seine Existenzgrundlagen nehmen.

Ich hatte Ihnen eingangs versprochen, dass ich gar nichts voraussetze. Lassen Sie mich also ein Beispiel kreieren.

Nehmen wir einmal an, Sie sind eine erwachsene Person mit einem mittelmäßigen Schulabschluss und ohne nennenswerte berufliche Erfahrungen, vielleicht schon länger arbeitslos. Und Sie haben nicht die leiseste Idee, was ihre Lebensaufgabe sein könnte. Das Budget lässt keine großen Sprünge zu, Sie haben keine ausgeprägten Talente, dafür aber kleine Kinder, die nicht viel Spielraum für verschrobene Ideen lassen. Auf einen Partner können Sie sich auch nicht verlassen, weil dieser aus unterschiedlichen Gründen nicht wirklich helfend zur Verfügung steht.

Was würden Statistiken über Personen wie Sie sagen? Wie würde eine Bank die Kreditwürdigkeit einstufen? Wie würde ein Wirtschaftsunternehmen Ihren Marktwert beurteilen?

Was würde diese Person von Arbeitsagenturen erwarten können? Wie müsste ein Chef aussehen, der Sie einstellen sollte?

Merken Sie etwas? Schon beim Darüber-Nachdenken bekommen Sie, je nach Naturell, entweder Tränen in die Augen, Depressionen, Frust oder schlechte Laune.

Hören Sie also auf damit!!!! Hören Sie auf, sich solche Gedanken zu machen. Das sind genau *die* Gedanken, die Ihnen den ganzen Tag im Kopf herumspuken und Sie klein, angreifbar und mürbe machen. Aber Sie helfen Ihnen nicht. Pförtner „*Wahrnehmung*", Vorzimmerdame *Erfahrung*, Zicke *Entscheidung* und Herr Verstand sitzen den ganzen Tag zusammen und lamentieren darüber, wie schlecht es Ihrem „Ich-Unternehmen" doch geht. Und ständig kommen Kunden wie „*Angst*", „*Frust*" und „*Minderwertigkeitskomplexe*" auf Ihre Etage und nörgeln herum. Ihre Arbeiter eine Etage tiefer machen entweder stumpfsinnige Arbeit oder gar nichts, einmal abgesehen von einem kleinen Trupp, der für Kinder, Hund, Oma, Garten und Einkauf sorgt.

Wenn Sie jetzt Entschlossenheit, ja, beinahe Wut in sich aufsteigen fühlen, dann ist das gut so und ein prima Zeitpunkt, mit der (imaginären) Faust auf den (imaginären) Tisch zu schlagen.

Denn all das bringt Sie so nicht weiter. So hocken Sie noch in einem Jahr herum und grübeln. Diese vier reizenden Mitarbeiter werden das Problem nicht lösen. Sie werden es sogar noch größer machen, denn sie füttern Gefühle wie *Angst* und *Komplexe* mit ihrem Lamentieren.

Sie müssen also andere Wege gehen. Doch bevor Sie das tun, vergewissern Sie sich noch einmal, ob der Pförtner mit dem inneren Schweinehund wirklich im Urlaub ist und Herr Verstand tatsächlich, wenn schon nicht Zuhause, dann doch wenigstens schweigend in seinem Büro bleibt.

Und nun gehen Sie noch einmal in Ihre Kreativabteilung.

Möglicherweise sitzen die drei Jungs dort etwas ratlos herum und wissen nicht so recht, wie sie beginnen sollen. Helfen Sie Ihnen, indem Sie ihnen Zugang zu Ihrem Unternehmens-Archiv gewähren.

Jeder Mensch hat in seinem Leben irgendetwas gerne getan. Wenn Ihnen nicht sofort etwas einfällt, dann gehen Sie weiter in Ihre Vergangenheit zurück, zur Not holen Sie sich Ihre alten Zeugnisse heraus. In welchem Fach waren Sie gut? Was hat Ihnen als Kind Spaß gemacht? Und was immer Ihnen nun einfällt, schreiben Sie auf!

Sie dürfen Herrn Verstand gern hin und wieder bitterböse Blicke durch die Scheibe zwischen Ihren Büros zuwerfen. Er hat den Mund zu halten und darf nicht versuchen, sich einzumischen. Sie werden sich alle Ideen wertfrei ansehen. Alle! Sie sind der Boss!

Vielleicht fällt Ihnen nun ein, dass Sie eigentlich schon immer gut in Erdkunde waren, in der Schule prima vorlesen konnten oder immer als Klassensprecher gewählt wurden. Nein, Sie werden nicht darüber nachdenken, dass Ihnen dafür auch immer die Fünf in Mathe sicher war oder Sie im Sport als Niete galten. Das bringt Sie nicht weiter. Verharren Sie auf gar keinen Fall bei irgendwelchen Negativitäten. Konzentrieren Sie sich stattdessen auf das, was gut gelaufen ist. Wo lagen damals oder liegen heute noch Ihre Stärken?

Es geht nicht darum, jetzt schon festzustellen, dass Sie von Ihrer Zwei in Erkunde heute wohl kaum leben könnten. Und es geht auch nicht darum, dass Ihre Fähigkeit, damals die Klasse als Klassensprecher geführt zu haben, Ihr Problem von heute nicht zu lösen vermag. Erstens wissen Sie das – noch – nicht, zweitens geht es darum auch gar nicht. Es geht darum, der Kreativabteilung ein wenig „Futter" für ihre Arbeit anzubieten. Sie haben sie so lange vernachlässigt, es wird Zeit, ihnen ein wenig Aufmerksamkeit zu schenken.

Möglicherweise steht auf Ihrem Zettel nur ein einziges Wort, eine einzige Stärke.

Und das reicht vollkommen aus, um Ihr Problem zu lösen!

Allerdings gilt noch immer, dass der Pförtner samt Schweinehund im Urlaub ist und Herr Verstand den Mund hält.

Nun gehen Sie zu Ihrem Auftrags-Zettel für die Kreativwerkstatt, den Sie sich an die Pinnwand oder den Spiegel gehängt haben. Und unter Ihren formulierten Auftrag schreiben Sie dieses Wort/diese Stärke auf. Oder auch mehrere, wenn Ihnen inzwischen noch mehr eingefallen sind.

Und nun gehen Sie weg und tun etwas ganz anderes. Machen Sie nicht den Fehler, sich an den Schreibtisch zu setzen und eine Idee erzwingen zu wollen. Das Trio arbeitet doch bereits, lassen Sie ihm ein wenig Zeit.

Doch was immer Sie nun tun werden, Sie werden feststellen, dass sich Ihre Gedanken um diese Stärke drehen werden. Ihr Fokus verändert sich, geht häufiger weg von dem Problem und hin zu der Lösung. Stellen Sie sich immer wieder Ihr „Ich-Unternehmen" vor. Gehen Sie durch die Etagen, laufen Sie durch die Büros, stellen Sie sich Ihre Mitarbeiter so genau wie möglich vor. Und dann denken Sie daran, dass Sie als Unternehmer einen Arbeitsauftrag an Ihre Mitarbeiter (dem Trio) gegeben haben. Und diese arbeiten jetzt daran. Darauf können Sie sich als Chef verlassen. Betrachten Sie also das Problem als „beinahe gelöst".

Sie werden merken, wie entspannend dieses kleine Gedankenspiel sein kann. Und schlafen werden Sie wahrscheinlich auch besser können, denn Ihr Hirn arbeitet nun lösungsorientiert und nicht mehr selbstzerstörerisch.

Zurück zu unserem Beispiel:

Noch immer sind Sie in einer Tretmühle, vielleicht arbeitslos, und ohne großes finanzielles Budget. Sie haben noch immer die Verantwortung für die Kinder und stehen nach wie vor ohne große Hilfe seitens der Familie für Ihr Problem da.

Doch etwas hat sich verändert. Sie haben zum ersten Mal das Gefühl, dass Sie nicht mehr so ganz allein sind und jemand da ist, der Ihnen hilft. Sie haben fähige Mitarbeiter, denen sehr daran gelegen ist, dass das „Ich-Unternehmen" aus seinen roten Zahlen kommt und sich das Betriebsklima bessert. Und diese Mitarbeiter arbeiten auf Hochtouren! Mit jedem Tag, an dem Sie an Ihre innere Kreativabteilung denken, werden Sie sich besser fühlen.

Doch Achtung: Herr Verstand, die Zicke und der Pförtner schleichen sich immer wieder in Ihre Firma und mischen sich ein. Achten Sie darauf, dass Sie sie dem Trio vom Hals halten. Wie man sich fühlt, wenn einem der Druck im Nacken sitzt, wissen Sie doch selbst am besten. Ersparen Sie Ihren Jungs das und achten Sie darauf, wer sich in deren Zimmer schleichen will. Zwei Wochen lang geht es niemanden etwas an, was darin passiert. Nur Ihr Trio und Sie – und gemeinsam werden Sie den Karren aus dem Dreck ziehen! In den kommenden Tagen wird Ihnen nun immer wieder etwas zu Ihrer Stärke einfallen. Manchmal scheinen diese Ideen einfach nur absurd, doch tun Sie sich selbst einen Gefallen und schreiben Sie sie trotzdem auf! Dem Verstand dürfen Sie weiterhin bitterböse Blicke zuwerfen ☺ .

Und dann, eines Tages, haben Sie das Gefühl, dass es Zeit wird, sich mit diesem Ideensammelsurium zu befassen. Es ist ein starkes, beinahe drängendes Gefühl … und genau dann ist es der richtige Moment.

Nehmen Sie sich den Zettel mit dem Ideensalat und suchen Sie sich eine ruhige Ecke. Der smarte Typ Ablenkung kann Ihnen noch einen Kaffee/Tee kochen, dann hat er

Feierabend und kann nach Hause gehen. Er wird heute nicht mehr benötigt.

Achtung: Zicke im Anmarsch!

Denken Sie daran: Sie entscheiden, nicht die Furie auf dem Flur! Und die Zicke zusammen mit dem smarten Typ sind schon eine Gefahr für Ihre neuen Kunden *„gute Ideen"*. Passen Sie also auf, bewusste Entscheidungen zu treffen. Und heute ist der richtige Tag, die Weichen für Ihr „Ich-Unternehmen" neu zu stellen, da kann kommen, wer oder was will! Die Bügelwäsche ist auch morgen noch da und der Abwasch läuft auch nicht weg. Nehmen Sie sich also jetzt sofort Ihren Ideen-Zettel und legen Sie los.

Doch bevor Sie anfangen, möchte ich Ihnen noch schnell „einen Zahn ziehen". Ich komme aus einer Generation, die von ihren Eltern zu hören bekam, dass es gut sei, eine vernünftige Ausbildung zu machen, sich danach einen sicheren Job zu suchen und zuzusehen, dass die Rente eingezahlt wird. Und für die Generation meiner Eltern funktioniert das System auch noch. Doch für meine und alle folgenden Generationen wird das wohl nicht mehr so sein. Dass es dieses Rentensystem in 10 oder 20 Jahren noch geben wird, ist nahezu ausgeschlossen.

Doch es gibt neue Wege: Immer mehr Berufe erlauben das Quereinsteigen, es gibt immer mehr Wege einer Zusatz- oder Weiterbildung, es gibt dutzende von Wegen, sich seinen eigenen Minipfad zu erobern. Lassen Sie sich also bei Ihren kommenden Überlegungen nicht von dem Gedanken einschränken, dass das, was Sie eventuell und möglicherweise zukünftig machen wollten, nicht zu realisieren sei. Beinahe alles ist zu realisieren! Man muss nur erst einmal herausfinden, was einen vor Begeisterung morgens aus dem Bett treibt.

Nun schauen Sie einmal auf Ihr Ideensammelsurium und stellen sich folgendes vor:

Stellen Sie sich vor, Sie werden nicht scheitern!

Ganz gleich, wofür Sie sich entscheiden werden, Sie werden damit Erfolg haben.

Ja, ich weiß, Herr Verstand mischt sich wieder ein und schüttelt nur den Kopf über so viel dummes Zeug. Ihnen steht das Wasser bis zum Hals und ich komme Ihnen mit diesen Gedankenspielchen.

Memo an Verstand: Ansage des Chefs beachten und den Mund halten!

So schwer es Ihnen auch fallen mag; gehen Sie auf dieses Gedankenspiel einfach einmal ein. Noch unterschreiben Sie keine Kündigung, haben keine Reise mit One-way-Ticket gebucht oder sonst eine schwerwiegende Entscheidung getroffen. Noch sitzen Sie auf Ihrem Sofa und unterhalten sich mit Ihrer Kreativabteilung. Und Sie wissen doch: Gedanken sind frei!

Blenden Sie alles andere aus. Was würden Sie tun, wenn Sie die vollkommen freie Wahl hätten? Schauen Sie auf Ihren Zettel! Welche von all diesen Ideen, die das Kreativ-Trio Ihnen zugeflüstert hat, würde Sie am meisten begeistert?

Halt! Achten Sie auf Ihre Gedanken! *Sie* sollen entscheiden, nicht Herr Verstand oder gar die Zicke. Sie sitzen in Ihrem imaginären Büro nur mit den Dreien aus dem ehemals verstaubten Raum zusammen. Was haben sie Ihnen zu sagen? Hören Sie hin! Welche Idee, welches Ideenfragment begeistert Sie am meisten?

Gehen Sie diesen Zettel immer wieder durch. Irgendwann bleiben Ihre Gedanken an einem Stichwort hängen. Oder es kommt eine neue hinzu. Und ganz gleich, ob Ihnen diese Idee realistisch vorkommt oder vollkommen absurd, kreisen Sie sie mit einem dicken roten Stift ein.

Möglicherweise meldet sich nun Ihr vollkommen übergewichtiger Schweinehund und teilt Ihnen mit, dass er nicht bereit ist, die für diese Idee einhergehenden Veränderungen (Umzug, Berufswechsel, Sprache-Erlernen, früher aufstehen, Fernseher abschaffen, Fortbildung machen usw.) mitzutragen.

Sehen Sie sich Ihren Schweinehund nun einmal ganz genau an. Er ist ein dicker, völlig überfressener Kerl, der sich bei Ihnen auf dem Sofa lümmelt. Seine einzige Aufgabe ist es, Sie neben sich anzubinden, Sie bewegungsfaul und hirntot zu machen. Ihr Schweinehund hat überhaupt keine Lust, morgens früher aufzustehen und durch den Wald zu rennen. Er kann weder Ihre neu gewonnene Begeisterung für sportliche Aktivitäten, noch Ihren Drang zur Veränderung nachvollziehen und hat für Selbstbestimmung Ihrerseits überhaupt nichts übrig. Und seine größte Angst, sein bösester Albtraum ist, dass Sie eines Tages aufstehen und ihn nicht mehr als Ausrede brauchen.

Verstehen Sie mich nicht falsch. Wir alle brauchen Auszeiten, wir alle brauchen einen Abend vor dem Fernseher, wir alle brauchen Zeiten, wo wir einfach nichts tun. Aber diese Zeiten dürfen nicht unser Leben ausmachen. Sie sollen Teil unseres Lebens sein, bewusst eingeplant und in vollen Zügen genossen. Doch Sie dürfen nicht unser Leben bestimmen.

Nun denken Sie über Veränderungen nach und Ihr innerer Schweinehund läuft Sturm. Er knurrt und schnappt nach Ihnen, kaum, dass Sie auch nur darüber nachgedacht haben, etwas aus Ihrem Leben zu machen. Und ein wenig erinnert er Sie auch an Ihre Vorzimmerdame, denn er hat sofort lange Listen parat, warum es gerade jetzt der ungünstigste aller möglichen Tage ist, um mit dem Joggen anzufangen, Ihren Lebenslauf zu aktualisieren oder sich Gedanken über eine berufliche Veränderung zu machen. Im Fernsehen läuft – zufällig – Ihr Lieblingsfilm, morgen früh brauchen Sie das blaue Hemd, das noch immer ungebügelt nebenan liegt und überhaupt; Sport ist Mord und Ihre sowieso schon schmerzenden Knie werden es Ihnen danken, wenn Sie auf dem Sofa bleiben, anstatt durch die Feldmark zu rennen.

Er will nicht, dass sich etwas verändert, und er wird alles tun, damit es so bleibt, wie es ist. Und es er ihm vollkommen gleichgültig, ob Sie glücklich sind oder nicht. Jede Bewegung Ihrerseits zwingt auch ihn dazu, sich zu bewegen. Und dafür hat er nichts, aber auch gar nichts übrig.

Es erfordert eine Menge Selbstdisziplin, in den ersten Wochen Ihres wiedergewonnenen Lebens nicht auf diesen Kerl hereinzufallen. Er wird alle Register ziehen, Sie zunächst aus treuen Hundeaugen anblicken, sich Ihnen dann in den Weg stellen, Sie anknurren und, wenn es sein muss, auch beißen. Bleiben Sie standhaft. Und wenn es nicht anders geht, schaffen Sie ihn ab. Sie wollen zukünftig ein selbstbestimmtes Leben führen, Sie brauchen keine Schlaftablette oder sogar einen Mühlstein neben sich. Das sind Fußketten, die Ihnen Ihren Radius einschränken, doch Sie wollen Ihren Horizont ja gerade erweitern. Und wer nicht für Sie ist, ist gegen Sie und muss gehen.

Zurück zu Ihrem Ideen-Salat und dem mit rot eingekreisten Stichwort. Sie haben also etwas gefunden, was Sie interessiert. Noch ist vollkommen unwichtig, ob Ihnen die Umsetzung realistisch erscheint oder ob Sie Ihre Zweifel daran haben, von so etwas leben zu können.

Wenn mich das Leben eines gelehrt hat, dann, dass wir von unserer Lebensaufgabe, wie immer diese aussehen mag, auch finanziell leben können. Wir müssen nur offen für uns ungewohnt erscheinende Wege sein.

In meinen Seminaren oder beim Coaching ist dies ein ganz spannender Moment. Natürlich haben wir hier nicht Tage Zeit, um zu einem Ideensammelsurium zu kommen, doch das wird durch die Gruppendynamik ersetzt. Dann sitzen alle vor ihrem rot umkringelten Stichwort … und die Stimmung im Raum schlägt um. Was noch eben geprägt war von Zweifel, Ängsten und Pessimismus, weicht nun einer zögernden Entschlossenheit. Dann bekommt der erste Teilnehmer glänzende Augen und ich weiß, die erste zündende Idee hat das Licht der Welt erblickt. Und nun kommt es zum Flächenbrand. Neue Ideen sind Herdentiere, sie lieben die Gemeinschaft. Und wenn Sie ihnen die Tür zu sich auch nur einen spaltbreit öffnen, werden Sie erstaunt sein, wie viele zu Ihnen kommen wollen.

Da Ihnen zuhause die Gruppendynamik fehlt, müssen Sie selbst ran. Sehen Sie sich Ihr Stichwort einmal genau an. Was fällt Ihnen dazu ein?

Nehmen wir unsere Beispielperson.

Eigentlich wollten Sie immer reisen. Doch nun, mit zwei kleinen Kindern und ohne nennenswertes Budget geht das nicht. …

Stopp! Tun Sie sich einen Gefallen und streichen Sie den zweiten Satz. Zurück bleibt:

Sie wollen reisen.

Und Achtung: Der Verstand lugt durch die Tür und die Vorzimmerdame Erfahrung hat auch schon angeklopft. Ich glaube, es ist an der Zeit, einmal wieder böse Blicke zu werfen!

Sie wollen also reisen! Schön.

Aber anstatt sich mit diesem Gedanken zu beschäftigen, fällt Ihnen nichts Besseres ein, als eine lange Liste zu erstellen, warum das dank der Kinder und der maroden Finanzsituation nicht möglich ist? Da ist mehr in Ihnen, glauben Sie mir. Doch Sie müssen wieder ran. Nehmen Sie Ihr Stichwort und gehen Sie ins Internet. Geben Sie das Stichwort ein und warten Sie ab. Und dann lesen Sie. Lesen Sie sich durch Foren und Anzeigen, durch Stichwortverzeichnisse und Anbieter. Sie finden Reiseführer, Reiseanbieter, Reiseveranstalter, Reisebusse, Reisegepäck, Reiseversicherung, Reise….!

Und dann stellen Sie den PC aus und machen etwas anderes. Etwas ganz anderes! Lassen Sie der Kreativabteilung Zeit, mit der Fülle der Informationen zu arbeiten. Üben Sie keinen Druck aus, Ihr Problem ist auch nicht über Nacht gekommen.

Und denken Sie daran: Sie können nicht scheitern! Noch sind wir bei diesem Gedankenspiel, noch sitzen Sie nur mit Ihrem Kreativabteilungs-Team zusammen, Herr Verstand und der Rest Ihrer Chefetagen-Belegschaft kommt erst später wieder dazu.

Und weil Sie nicht scheitern können, finden Sie auch eine Lösung für Ihr Problem! Das einzige, was Sie tun müssen, ist, einen Schritt aus der Masse herauszutreten und Ihren eigenen Minipfad zu kreieren. Die Welt ist groß und bunt, es gibt auch für Sie ein herrliches Fleckchen Erde. Sie müssen nur weg vom Mainstream, von dem endlosen Strom derer, die sich fremdbestimmt von dem Druck der Masse in eine von anderen vorbestimmte Richtung schieben lassen.

Zurück zu unserer reisebegeisterten Beispielperson. Diese Person gibt es wirklich. Sie war eine frustrierte Frau mit zwei kleineren Kindern und ohne Partner. Sie war weder kreditwürdig, noch machte man ihr bei der Agentur für Arbeit großartige Angebote. Wie auch, sie hatte vor Jahren einmal etwas gelernt, doch dafür gab es in ihrer Gegend keinen Bedarf. Für einen Umzug reichten weder Geld noch Kraft und hinterherrennen und mit Jobangeboten überhäufen tat die Wirtschaft sie auch nicht.

Sie ließ sich auf das „Ich-tue-es-jetzt!"-Prinzip ein und fand heraus, dass sie eigentlich immer reisen wollte. Nur heute, mit Kindern und ohne Geld, ginge das natürlich nicht. Außerdem wurde dem Kleinen immer schlecht, wenn er im Bus saß oder sie mal das Glück hatten, in einem Auto mitgenommen zu werden.

Das war der erste „Klick" im Hirn.

„Dem Kleinen wurde immer schlecht!" Dagegen gab sie ihm ein homöopathisches Mittel, das man ihr in der Apotheke empfohlen hatte.

Wieder machte es „klick"!

Unter der Rubrik „Reisekrankheiten" fand sie eine Menge Foren, in denen es um reisekranke Kinder ging. Von den reisekranken Kindern kam sie auf kranke Kinder im Allgemeinen und auf alternative Behandlungen bei kranken Kindern. Sie las … und las … und las. Immer mehr interessierte sie sich für dieses Thema und – ich mache es kurz – brauchte trotzdem beinahe zwei Jahre, bis ihr Entschluss so gefestigt war, dass sie ihn umsetzen konnte.

Heute ist sie Heilpraktikerin mit Schwerpunkt Kinderkrankheiten und arbeitet seit Anfang 2013 in einer Gemeinschaftspraxis. Sie verdient ihr eigenes Geld und hat ihr Leben vollkommen verändert. Es hat zwei Jahre gedauert, bis sie sich aufgerafft hat, drei weitere, um die Ausbildung zu machen, und der Weg war nicht leicht. Immer wieder stolperte sie über ihren inneren Schweinehund, doch was einst ein fetter Kerl war, ist heute nur noch ein magerer Windhund. Sie ist engagiert, aktiv und selbstbestimmt. Und als ich sie bat, ihre Geschichte veröffentlichen zu dürfen, war ihr das erst gar nicht recht. Es war ihr peinlich, einmal so festgefahren, antriebslos und faul gewesen zu sein.

Doch es geht nicht um Schuld oder um Bewertung. Es geht darum, diesen Zustand zu erkennen und alles Nötige zu tun, um ihn abzustellen.

Warum ich Ihnen dieses Geschichte erzählt habe? Weil das rot eingekreiste Stichwort dieser Dame „Reisen“ war. Und es endete in einer Gemeinschaftspraxis für Alternativmedizin.

Was mich wieder zu Ihrem Zettel bringt. Ganz gleich, was darauf steht: denken Sie weiter! Denken Sie über den von der Norm oder dem Mainstream geprägten Weg oder das Vorgegebene hinaus. Kreieren Sie Ihren eigenen Pfad. Verlassen Sie sich nicht darauf, was für frühere Generationen funktioniert hat. Hätte es nicht auch früher schon Menschen gegeben, die über das bisher Gedachte hinausgeblickt hätten, würden wir heute noch in Höhlen leben. Das, was für die Generation meiner Eltern funktioniert hat, funktioniert für die Generation meiner Kinder nicht mehr. Quereinstieg ist beinahe überall möglich, Arbeitgeber sind an motivierten, selbstdisziplinierten Menschen häufig sehr interessiert und nehmen das „sich-selbst-in-den-Hintern-getreten-haben“ oft positiv auf. Ein Mensch, der es aus eigenem Antrieb geschafft hat, der Lethargie zu entkommen, kann ein durchaus interessanter Mitarbeiter für ein Unternehmen sein. Haben Sie Mut.

Und selbst wenn es keinen geeigneten Arbeitsplatz für Sie zu geben scheint, denken Sie weiter! Sie haben den Stein, Ihr rot markiertes Stichwort, in den Kreativsee geworfen. Nun sehen Sie, welche Wellen dieser Stein schlägt. Nutzen Sie alle Informationsmöglichkeiten! Gehen Sie ins Internet, gehen

Sie raus auf die Straße und dorthin, wo Ihr Stichwort „zuhause“ ist. Gehen Sie davon aus, dass Ihre Kreativabteilung dafür sorgen wird, dass Sie über Ihre Chancen stolpern. Halten Sie die Augen und Ohren offen, seien Sie bereit, zuzugreifen, wenn die zündende Idee kommt. Trotten Sie nicht mit hängenden Schultern und gramgebeugtem Rücken durch die Stadt. Gehen Sie gerade, atmen Sie tief durch. Sie haben Ihren inneren Mitarbeitern einen Auftrag gegeben und das Trio arbeitet daran. Auch wenn Sie sich von aller Welt verlassen fühlen sollten, wenn Sie schon so viel Mist erlebt haben, dass es für zwei Leben reicht …, auf Ihre Kreativabteilung können Sie sich verlassen. Sie müssen ihnen nur zuhören.

Und denken Sie daran: die zwei Wochen sind noch nicht um! Der Pförtner und Herr Verstand haben Urlaub und die Zicke Entscheidung Redeverbot. Lassen Sie den Dingen ihren Lauf. Urteilen und werten Sie nicht, was als Idee zu Ihnen auf die Chefetage kommt. Hören Sie zu, denken Sie nach. Und denken Sie über den Tellerrand hinaus.

Sie wollen sich selbständig machen? Gut! Lassen Sie sich das nicht von guten oder weniger guten Freunden ausreden. Die Selbständigkeit ist ein großer Schritt und erfordert mehr Mut und Selbstdisziplin als jeder andere. Lassen Sie sich Zeit mit dieser Überlegung, kauen Sie sie gut durch. Und dann, wenn Sie immer noch Herzklopfen vor Aufregung haben, wenn Sie wie gezündet sind, dann legen Sie los. Weiter hinten in diesem Buch gibt es dazu in einem gesonderten Kapitel Anregungen und Tipps.

Ich sehe schon, Sie hocken immer noch über Ihrem Zettel und wissen nicht weiter.

Darf ich Ihnen eine provokante Frage stellen? Kann es sein, dass Sie nicht wirklich etwas ändern wollen? Ihre Situation mag prekär sein, Ihre Gefühl von Sinnlosigkeit groß, aber scheinbar nicht groß genug. Denn eigentlich sollten Sie diesen Abschnitt noch gar nicht lesen. Sie sollten gerade in der großen Welt herumgeistern und Ideen für Ihre Ideen-Umsetzung sammeln. Wieso also sitzen Sie immer noch auf Ihrem Sofa und tun sich selbst leid?

Ob Sie nun religiös sind oder nicht; Sie sind nicht ohne Grund in genau dieses Leben geboren worden. Man wartet auf Sie, Sie haben einen festen Platz in diesem Zusammenspiel von rund 7 Milliarden Menschen. An einem Platz auf dieser Welt werden Sie gebraucht. Und diesen Platz gilt es zu finden. Das gilt für alle Menschen, und wenn ich mir unsere Welt so ansehe, dann denke ich, dass viele nicht an dem für sie richtigen Platz sind. Viele Menschen machen irgendetwas, arbeiten in irgendwelchen Jobs, die nichts mit ihrem eigentlichen Beruf (von Berufung) zu tun haben.

Und nun stellen Sie sich für einen kurzen Moment einmal folgendes Szenario vor: Alle diese Menschen halten an, legen ihre Arbeit nieder und gehen dorthin, wo sie eigentlich gerne arbeiten würden. Die arbeitslose Lehrerin, die vor Leidenschaft für ihren Beruf brennt, ersetzt die griesgrämige Kollegin – und 25 kleine Grundschulkinder starten erleichtert und mit großen Augen und voller Neugierde in ihre schulische Laufbahn.

Der müde, ausgebrannte Arbeiter an einem Fließband wechselt in die Gärtnerei, der seit Jahren Wind und Wetter ausgesetzte Gärtner freut sich, endlich in die Wärme seiner geliebten Volkshochschule zu kommen, in der er sein Wissen weitergibt. Die frustrierte Hausfrau bringt mit ihrem Organisationstalent das Büro eines Kleinunternehmens auf Vordermann, während sich die bisherige Bürodame endlich ihrer Abendschule und der Weiterbildung zur Kauffrau widmen kann.

Ich weiß, das ist eine Milchmädchenrechnung. Niemals wird es diesen Augenblick geben, an dem jeder in den Beruf wechselt, für den er geschaffen wurde. Aber stellen Sie sich nur einmal einen Augenblick lang vor, wie herrlich diese

Welt wäre. Jeder würde dort leben und arbeiten, wo er zufrieden ist. Niemand müsste sich morgens ins Büro, in die Schule, in den Betrieb quälen und dort acht oder neun Stunden lang etwas tun, was gegen seine innere Uhr oder sein Bauchgefühl geht. Jeder wäre mit Hingabe und Leidenschaft bei der Sache. Ich sage Ihnen: allein hunderttausende von Schülern wären begeistert, motivierte, engagierte Lehrer zu haben. Und wie würden sich diese Schüler entwickeln? Haben Sie nicht selbst während Ihrer Schulzeit Lehrer gehabt, die mit Leidenschaft dabei waren, während anderen die Lustlosigkeit und Erschöpfung geradezu auf der Stirn stand? Und hat das Lernen bei den motivierten Kollegen nicht viel mehr Spaß gemacht, obwohl das Fach als solches Sie noch immer nicht von Hocker riss? Ich will damit nicht die Lehrerschaft angreifen. Im Gegenteil, ich ziehe den Hut vor Menschen, die sich jeden Morgen vor eine Klasse von 25 – 30 mehr oder weniger motivierten Kindern oder Jugendliche stellen und versuchen, einen mehr oder weniger (un)sinnigen Lehrplan durchzuziehen. Sie können nichts für dieses System und leiden wahrscheinlich genau wie ihre Schüler.

Ich könnte dieses Beispiel auf jeden anderen Beruf ausweiten; der engagierte Arzt, für den Sie mehr sind als „das Knie“, „die Herz-OP“ oder „der Asthmatiker“; der freundliche Briefträger, der auch in den dritten Stock wetzt, weil er weiß, dass Frau XY nicht mehr so gut zu Fuß ist und die vielen Treppen nur noch schwer schafft; die Bedienung im Restaurant, die nicht in Gedanken schon beim Feierabend ist, sondern sich wirklich um einen für Sie schönen Abend kümmert. Und so weiter und so fort.

Und nun kommt die zweite provokante Frage: Wollen Sie wirklich zu denen gehören, die frustriert und unmotiviert irgendeiner Arbeit nachgehen oder zuhause über die „Ungerechtigkeit des Lebens“ nachdenken?

Denken Sie daran: Diese Entscheidung kann Ihr Leben verändern! Sie können sitzen bleiben und grübeln oder sich in Bewegung und diesem Zustand ein Ende setzen. Es liegt an Ihnen. Nehmen Sie Ihren inneren Schweinehund an die ganz kurze Leine und nehmen Sie ihn mit in die Stadt, ins Dorf, in die Schule, zum Arbeitsamt oder wohin auch immer Ihr Weg Sie führen wird. Verschaffen Sie dem fetten Kerl Bewegung. Und Sie werden merken, wie schnell aus dieser überfressenen, faulen, dickfelligen Kreatur ein schmaler Windhund wird, der Sie kaum noch belästigen oder in den Trübsal zerren kann. Irgendetwas gibt es auch in Ihrem Leben, das Sie gern tun würden oder gut können. Ein kluger Mensch hat einmal gesagt:

Finde heraus, was du wirklich kannst, und dann suche dir jemanden, der dich dafür bezahlt!

Und genau das gilt für Sie. Auch Sie können irgendetwas gut, irgendetwas liegt auch Ihnen. Auch Sie haben an irgendetwas Spaß. Finden Sie es heraus, schreiben Sie es auf. Es ist im Moment noch vollkommen gleichgültig, für wie umsetzbar Sie Ihre Stärke halten. Es ist auch noch völlig gleichgültig, wie viele Schwächen dagegenstehen. Irgendetwas in Ihrem Leben mögen Sie. Schreiben Sie es auf!

Zurück zu ihrem rot markierten Stichwort.

Vielleicht geht es bei Ihnen aber auch gar nicht darum, Arbeit zu finden, weil Sie Hausfrau und Mutter, Rentner oder finanziell so abgesichert sind, dass Sie nicht für Geld arbeiten gehen müssen. Trotzdem braucht Ihr Leben einen Sinn, eine Struktur, etwas, wofür es sich lohnt, morgens aufzustehen.

Nun ergibt sich das von selbst, wenn Sie Hausfrau und Mutter sind. Solange die Kinder klein und von Ihnen abhängig sind, läuft Ihr Leben in ziemlich engen Bahnen. Und trotzdem lesen Sie dieses Buch. Das sagt mir, dass Sie Ihre Kinder zwar lieben und sich fürsorglich um Sie kümmern, Ihnen das aber nicht oder nicht mehr reicht.

Prima! Willkommen zurück. Für Sie geht es also darum, Ihre immer noch knapp bemessene Zeit sinnvoll zu gestalten. Da Sie scheinbar nicht für die üblichen Aktivitäten wie Ehrenamt in Schule oder Kindergarten, Tierheim oder Sportverband zu begeistern sind, müssen Sie also weiterdenken.

Was wollten Sie machen oder haben Sie gemacht, bevor Ihre Zwerge zur Welt kamen? Was wollten Sie schon immer einmal tun? Worin sind Sie gut? Wo liegen Ihre Stärken, Ihre Talente?

Achtung: Memo an Verstand und Pförtner: Sie haben noch immer Urlaub!!!

Lassen Sie alle Ideen zu! Orientieren Sie sich an der Anleitung, die Sie bereits gelesen haben. Und lassen Sie ungefiltert alle Ideen zu. Schreiben Sie sie auf!

Ein Beispiel aus der Praxis:

Die Dame ist Hausfrau und Mutter zweier inzwischen 10- und 12-jährigen Jungen. Als wir uns vor zwei Jahren zu einem Coaching trafen, konnte sie die Frage nach ihren Talenten nicht im Mindesten beantworten. Ihr fiel sozusagen überhaupt gar nichts ein. Als ich die Jungs fragte, was ihre Mutter denn besonders gut könne, sagten beide ganz spontan, dass sie gut kochen könne.

Die Mutter winkte damals nur laut lachend ab, da sie, wie sie sagte, nur koche, was den Kindern schmecken würde, ein feines Menü würde sie nicht hinbekommen.

Da war es, das Stichwort: Sie könne kochen, was den Kindern schmecken würde und was sie gern aßen. Sechs Monate und vier Coaching-Sitzungen später hatte sie sich mit zwei weiteren kochbegeisterten Muttis zusammengetan. Heute kochen Sie in einer Schulküche für beinahe 200 Schüler. Jeden Tag.

Der Weg dahin war kein leichter. Ihr Mann fand die Idee nicht besonders gut und die Frau hatte Bedenken wegen der Kinder, die nun mittags in der Schule, anstatt zuhause aßen. Es war nicht leicht, die Schule zu überzeugen, ganz zu schweigen von Ämtern und Behörden. Und doch: die Idee war geboren und ließ ein Scheitern nicht zu. Die innere Kreativabteilung fand für jedes Problem eine Lösung, das Trio arbeitete rund um die Uhr und lieferte permanent neue Ideen. Vertreter der Schulbehörde und des Gesundheitsamtes wurden eingeladen und sie bekamen einmal ein Essen der bisherigen Schulessen-Versorgung und ein Essen aus „Muttis Küche“ zum Vergleich. Der Ehemann wurde mit ins Boot genommen, indem er für wöchentlich wechselnde „Menükarten“ zuständig war, die er am PC entwarf, und die Jungs halfen gegen eine kleine Taschengelderhöhung beim Tische-Abräumen.

Heute würde keiner der Schüler auf dieses Mittagessen verzichten wollen und der Ruf eilt sowohl der Schule, als auch der Familie voraus. Inzwischen haben die drei aus „Muttis Küche“ Anfragen von Kindergärten und Schulen aus dem gesamten Großraum der Stadt.

Was als Antwort eines damals 8-Jährigen begann, ist inzwischen ein eigenes kleines Unternehmen geworden. War es am Anfang hart? Oh ja! Hatten die drei Frauen Zweifel? Sicher! Gab es Anfangsschwierigkeiten? Na, und ob! Sind sie immer wieder über ihre Schweinehunde gestolpert, in schwierigen Zeiten der Vorzimmerdame in die Arme gelaufen oder Herrn Verstand begegnet? Darauf können Sie sich verlassen! Haben sie aufgegeben? Niemals! Und das hat sich ausgezahlt. Die Jungs werden irgendwann die Schule verlassen und ihre eigenen Wege gehen. Doch ihre Mutter wird noch viele Jahre für Kinder kochen, die mit einem ordentlichen Mittagessen im Magen zurück an die Schulbank gehen.

Es genügt oft eine kleine Idee, die dann zum Flächenbrand wird. Deshalb: Wenn Sie selbst nicht weiterkommen, dann fragen Sie Freunde, Verwandte, Bekannte. Fragen Sie sie, worin sie Ihre Stärken sehen. Nehmen Sie die Antworten ernst, überlassen Sie es der Kreativabteilung, daraus eine Idee zu entwickeln.

Was meinen Sie, hätte die Mutter von eben Ihnen geantwortet, wenn Sie ihr vor 10 Jahren erzählt hätten, sie würde eines Tages in einer Schule für 200 Schüler kochen? Sie hätte Sie entweder ausgelacht oder für verrückt erklärt! Doch das Leben ist bunt und es führen weit mehr Wege zu einem Ziel, als wir in unserem Denken zulassen.

Ein kleiner Tipp: Ich weiß, wie schwer es sein kann, verrückte Ideen zuzulassen. Sie kommen einem vollkommen unrealistisch, dumm, utopisch, verschroben oder einfach nur ungeeignet vor. Und bei so mancher Idee stimmt das auch. Aber lassen Sie sie trotzdem zu. Für zwei Wochen. Kauen Sie sie durch. Vielleicht entsteht aus einer dummen, wirklich vollkommen unrealistischen Idee eine andere, die Sie zum Durchbruch brauchen. Urteilen Sie nicht gleich. Stellen Sie sich immer wieder vor, dass Sie nicht scheitern können. Was würden Sie tun? Das Denken von gestern hat Sie dorthin geführt, wo Sie heute sind. Wenn Ihnen das nicht gefällt, müssen Sie anders denken. Weiter. Weit über den Tellerrand hinaus. Lassen Sie den Fernseher aus. Hören Sie auf das, was in der Stille in Ihnen hochkommt. Wissen Sie, wer diese Person ist, die in dem Zimmer vor der Kreativabteilung haust? Nein? Es ist Ihr inneres Kind. Und es ist vollkommen irritiert und aus der Bahn geworfen angesichts des Zustandes Ihres „Ich-Unternehmens". Es möchte Leichtigkeit, Spiel, bunte Farben und Lachen. Es möchte Phantasie und Kreativität, lockeres Ausprobieren und Faszination.

Stattdessen sieht es um sich herum nur Stress und Ärger, Frust, Angst, Selbstzweifel und Trauer. Ihrem inneren Kind ist die Fröhlichkeit vergangen.

Und wenn Sie jetzt denken, dass das Leben nun einmal so ist, Sie auch nichts zu lachen hätten und deshalb gerade wenig bis gar kein Mitleid für Ihr inneres Kind aufbringen können, dann stehen Sie auf und gehen vor den Spiegel. Sehen Sie sich an und wiederholen Sie das! Sagen Sie es Ihrem Spiegelbild – laut und deutlich.

Was fühlen Sie dabei? Geht es Ihnen nun besser? Haben Sie Ihrem inneren Kind gewaltig die Leviten gelesen und ihm die Spielregeln des Lebens klargemacht? Oder fühlen Sie sich elend, traurig und einsam?

Genau. Ich denke, Sie gehören auch zu den rund 98% der Menschen, die ihrem inneren Kind näher sind, als sie denken. Und es tut uns weh, wenn wir uns ins Gesicht sagen, dass das Leben hart und ungerecht ist, wir ein Spielball der Mächtigen sind und froh sein können, wenn wir irgendwie überleben. Tief in uns sind wir nämlich Frohnaturen. Wir wollen Leichtigkeit, Licht und Liebe, wir sehnen uns nach Wärme, Gelassenheit und Frieden. Wir wehren uns innerlich gegen das Gefühl, dass das, unser jetziges Leben, alles sein soll, was wir erwarten dürfen. Unser inneres Kind kann sich ganz schwer damit abfinden, dass das Leben trostlos ist, an ihm vorbeiziehen soll und es nicht mitspielen darf.

Sehen Sie sich Ihr Spiegelbild noch einmal an. Das, was Sie sehen, haben Sie zugelassen. Das Leben mag Ihnen Höhen und Tiefen beschert haben, es mag Nackenschläge und auch volle Breitseiten gegeben haben, doch die Entscheidung, wie Sie damit umgegangen sind, haben Sie ganz allein getroffen. Größtenteils unbewusst, die Zicke „*Entscheidung*“ war wahrscheinlich wieder einmal schneller als Sie, aber das ändert nichts daran, dass die Entscheidungen so gefallen sind, wie sie gefallen sind. Und nun nehmen Sie sich einmal selbst in den Arm (ja, auch die Männer, es schadet Ihnen nicht und es sieht Sie ja keiner ☺) und versprechen sich hoch und heilig, dass Sie zukünftig besser auf sich aufpassen. Der Alltag raubt uns die Kraft, Verantwortung will getragen werden und die Perspektiven sehen düster aus, zumindest, wenn man den Medien glauben will…. „

Stopp! Habe ich Sie gerade nicken sehen?

Ok, nehmen wir diesen Satz auseinander!

„Der Alltag raubt uns die Kraft, …“ Also, ich bitte Sie! Niemand raubt mir irgendetwas ungestraft. Ich würde mich doch auch wehren, wenn man mir mein Fahrrad „rauben“ würde. Oder meine Handtasche. Ich würde wie eine Furie hinter dem her sein, der es wagen sollte, mir etwas von meinem Eigentum wegzunehmen. Aber dem Alltag erlaube ich das? Wer ist denn dieser „Alltag“? Natürlich gibt es angenehmere Dinge, als morgens um halb sechs aufzustehen und den Eisregen an die Fensterscheibe trommeln zu hören. Am liebsten würden wir liegen bleiben und noch mindestens zwei Stunden schlafen. Aber das sagt uns eher unser innerer Schweinehund, der überhaupt keine Lust hat, aus den warmen Federn zu steigen. Doch wenn Sie merken, dass Ihr Alltag sie langsam zugrunde richtet, dann ändern sie ihn. Steigen Sie aus. Sehen Sie sich eine Ihrer „normalen“ Wochen ganz akribisch an. Schreiben Sie sich zur Not am Ende eines Tages auf, was sie getan haben. Und am Wochenende setzen Sie sich bei einer Tasse Kaffee oder Tee hin und sehen sich Ihren Alltag genau an. Was genau macht sie so fertig? Wo können Sie ihn entschärfen, was lässt sich nicht ändern? Wenn Sie Kinder haben, die morgens um halb sieben zur Schule müssen, dann müssen Sie früh aufstehen. Das ist so und kann nicht geändert werden. Hier können Sie nur Ihre Einstellung ändern. Decken Sie schon abends den Frühstückstisch. Und stellen Sie einen Strauß Blumen hin. Abends wird Ihnen das dumm vorkommen, morgens aber freuen Sie sich darüber. Wecken Sie Ihre Kinder mit Musik, die die Kids mögen. Es darf auch ruhig etwas peppiger sein,

Hauptsache ist, der Nachwuchs kommt aus dem Bett, ohne dass der Haussegen schon morgens schief hängt.

Sind Sie generell abends völlig erledigt und dennoch unzufrieden mit dem Tag? Dann ändern Sie etwas! Entschleunigen Sie ihn, werden Sie sich selbst bewusster. Tun Sie sich etwas Gutes, denken Sie an sich. Damit meine ich nicht den ausgelebten Egoismus, ich meine damit, dass Sie auf sich achten sollen. Wenn Ihr Alltag sie fertig macht, wenn er Kraft raubt und Sie trotzdem dumm, nämlich weder glücklich, noch zufrieden oder wenigstens finanziell vorteilhaft, dastehen lässt, dann passt dieser Alltag nicht zu Ihnen und muss weg. Ändern Sie ihn, es ist Ihrer, Sie können damit tun und lassen, was Sie wollen.

„…, *Verantwortung will getragen werden* …“ Das klingt nach harter Arbeit. Ich sehe Sie schon die Verantwortung schultern und den Berg hoch schleppen. Natürlich hat jeder von uns Verantwortung. Wir haben Partner, Kinder, Tiere, Mieten zu zahlen, Autos zu finanzieren, soziale und finanzielle Verpflichtungen, Freundschaften, die gepflegt werden wollen. Und letztendlich die Verantwortung für uns selbst.

Aber muss sie getragen, mühsam geschleppt und mit krummem Rücken durchs Leben gebuckelt werden? Erschlägt uns unsere Verantwortung derart, dass wir unter ihr zusammenzubrechen drohen? Wenn Sie nun nicken, ist es höchste Zeit, diese Verantwortung abzugeben, sie aufzuteilen oder, wenn all das nicht geht, sie zumindest zu entschärfen.

Sehen Sie sich an, für was Sie alles Verantwortung „tragen“. Was davon fällt Ihnen leicht und sammelt mehr Plus- als Minuspunkte (Babys, junge Hunde usw.)? Welche Bereiche fallen Ihnen schwerer, welche lassen Sie nachts nicht schlafen und welche Bereiche machen Sie fertig? Zücken Sie Ihren Rotstift und umkringeln Sie alles, auf was Sie gern verzichten würden.

Halt! *Memo an Pförtner und Verstand: Sie sind noch im Urlaub, bitte den Mund halten!*

Es geht, wie bei der Sinnfindung am Anfang dieses Buches, nicht darum, ob etwas „realistisch" erscheint. Es geht zunächst darum, herauszufinden, was in Ihrem Leben nicht geradeaus läuft, was Sie nervt und quält und unzufrieden macht. Inwiefern sich das dann ändern lässt, besprechen wir im dritten Teil des Buches.

Die hohe Miete macht Ihnen schlaflose Nächte? Das Auto ist eigentlich zu teuer? Ihr Partner macht Sie fertig, aber sich zu trennen, sind Sie noch nicht bereit? Die Oma will regelmäßig besucht werden, aber Sie wissen nicht, woher Sie die Zeit nehmen sollen? Kringeln Sie alles ein und seien Sie dabei ganz ehrlich. Es geht nicht darum, dass Sie Ihre Oma nicht mögen. Und Sie müssen niemandem diesen Zettel zeigen. Aber seien Sie schonungslos ehrlich mit sich selbst.

„*… und die Perspektiven sehen düster aus …!*" Wer sagt das denn? Die Politik? Die Wirtschaft? Wer ist „die Politik", wer ist diese „Wirtschaft"? Das sind wir! Ganz „normale" Menschen wie Sie und ich werden von uns zu unseren „Volksvertretern" gewählt – oder billigend in Kauf genommen, je nachdem, ob Sie zur Wahl gehen oder nicht. Aber es sind Menschen! Natürlich haben sie Einblicke in Sphären, die uns „Normalos" in Gänze verschlossen bleiben. Natürlich werden wir von ihnen gelenkt und manipuliert. Sie beschließen Gesetze, an die wir uns halten müssen. Und dieses Spiel, das man bisher mit Ihnen gespielt hat, hat wunderbar funktioniert – zumindest für die andere Seite. Sie haben nach den Spielregeln gespielt, die andere für Sie aufgestellt haben. Und ein paar dieser Regeln sind durchaus durchdacht. Es macht schon Sinn, wenn alle sich daran halten, an einer roten Ampel anzuhalten und erst bei Grün weiterzufahren. Ohne Regeln würde das Chaos ausbrechen und Regeln wurden auch nicht von Menschen erschaffen. Das ganze Universum unterliegt bestimmten Regeln, unsere Natur unterliegt Regeln und auch wir Menschen sind diktierten Zyklen unterworfen. Regeln an sich sind also weder etwas Ungewöhnliches noch Sinnloses.

Dennoch sind wir inzwischen derart reglementiert, dass wir kaum noch Luft bekommen. Es gibt für und gegen alles Vorschriften, guten Ideen, die abseits des Mainstreams entstehen, wird sozusagen mit dem ersten Atemzug der Lufthahn zugedreht.

Und mit jeder neuen Hiobsbotschaft aus Politik und Wirtschaft ändert sich unsere Empfindung. „Die Wachstumsrate ist gesunken!" heißt es im Wechsel mit der Nachricht, dass es der Wirtschaft gut ginge. Und dieser Wechsel findet nicht alle paar Monate, sondern dreimal in der Woche statt.

Haben Sie schon einmal ganz bewusst eine Woche lang Nachrichten gehört oder gelesen? Da stehen einem selbstbewussten – sich selbst bewussten – Menschen die Haare zu Berge. Welch ein Wechselbad der Gefühle. Die Konjunktur geht Montag rauf und Mittwoch runter, der Klimawandel ist Dienstag schlimm und Freitag eigentlich nicht mehr so richtig besorgniserregend (Tipp: Warten Sie auf den kommenden Dienstag, da ist er es wieder.). Im Laufe von nur einer Woche geht es diesem Land prima und bescheiden, wir stehen vor dem Durchbruch und dem wirtschaftlichen oder finanziellen Zusammenbruch. Und je nachdem, was Ihr Pförtner zu Ihnen durchlässt, erfahren Sie entweder die guten oder die zahlenmäßig deutlich höheren schlechten Nachrichten.

Aber was bringt Ihnen das? Was bringt es Ihnen, sich diese Prognosen anzuhören? Sie ärgern sich, Sie fühlen sich manipuliert, Sie fühlen sich immer mehr entmutigt, etwas Eigenes anzufangen.

Nun kommt wieder etwas Provokantes: Genau das ist es, was Politik und Wirtschaft erreichen wollen. Niemandem aus dieser Liga ist ernsthaft daran gelegen, dass Sie glücklich sind. Und nach 4 oder 8 Jahren Amtszeit, nach 20 Jahren in der Wirtschaft haben die Manipulierer ausgesorgt. Deren Rente ist sicher! Aber wie sieht es mit Ihnen in 4, 8 oder 20 Jahren aus? Wie ist es um Ihre Rente bestellt?

Gleich noch etwas Provokantes hinterher: Die Politiker sind unsere Angestellten! Ihre und meine! Wir suchen sie aus, wir zahlen ihnen durch unsere Steuern ein Gehalt, das unser eigenes oft um ein Vielfaches übersteigt - und dann lassen wir uns von diesen, unseren Angestellten das Leben vermiesen. Frage: Wie blöd ist das denn? Würden Sie das in Ihrem eigenen Unternehmen auch dulden? Die Antwort ist: Ja. Denn genau das haben Sie jahrelang getan. Sie haben sich von Ihrem Pförtner blenden, von der Vorzimmerdame Ihre Kunden zuquatschen und von dem smarten Typ ablenken lassen. Ihr Buchhaltungs-Dreamteam hat Ihnen diktiert, was geht und was nicht geht, und Herr Verstand hat die Regie übernommen.

Eines der hermetischen Gesetze lautet: „Wie innen, so außen, wie oben, so unten“.

Was in Ihrem „Ich-Unternehmen“ der Pförtner Wahrnehmung ist, sind in unserem Außen unter anderem die Medien. Sie schreiben Ihnen vor, was Sie wahrnehmen (sehen, lesen) sollen und was nicht. Ihr Buchhaltungs-Dreamteam sind die Banken, die mit Bewilligung oder Ablehnung eines Darlehens über Ihre berufliche Zukunft entscheiden können. Die Zicke auf dem Flur sind Entscheidungen wie „Das kann ich nicht!“, „Das kann nichts werden!“ oder “Das versuche ich erst gar nicht!“, die Sie aus Angst, Unsicherheit oder mangelndem Selbstbewusstsein fällen.

Herr Verstand lässt gute Ideen erst gar nicht zu Wort kommen und Ihre Kreativabteilung, d.h. all die Chancen, die sich Ihnen bieten, die Sie aber nicht wahrnehmen (wollen), staubt vor sich hin. Damit Ihnen das alles nicht auffällt, gibt es den smarten Typ Ablenkung. Im Außen sind das u.a. Fernsehen und Computerspiele, also alles, was Ihnen das Hirn zumüllt, Sie aber kein Stück weiterbringt. Und schlechte, einschüchternde, ängstigende Nachrichten sorgen dafür, dass Sie ja nicht die Nase über den Tellerrand stecken.

All das wird von außen, von Politik, Wirtschaft und den Medien gesteuert. Wenn Ihnen das nächste Mal also jemand sagt, dass die Weltwirtschaft am Boden liegt oder das Wirtschaftswachstum schwächelt, dann lachen Sie, drehen sich um und gehen weg. Nichts von dem stimmt so, wie man Ihnen das vermitteln will.

Was aber stimmt, ist, dass wir einem ständigem Wandel unterzogen sind. Denken Sie einmal an die Zeit, als es noch kein Internet gab. (Ja, liebe Leser unter 30 Jahren, es gab eine Zeit ohne Internet. Es gab sogar eine Zeit ohne Handys und 120 Fernsehprogrammen, auch wenn sich das für Sie unvorstellbar und geradezu vorsintflutlich anhört ☺ !) Heute sind ein Leben, ein Lernen und ein Einkaufen ohne Internet kaum noch vorstellbar. Millionen Menschen arbeiten in der Computer- oder Internetbranche. Das war vor 50 Jahren undenkbar.

Vor 50 Jahren war auch unser Krankenkassen- und Sozialwesen stabil. Da wurde ein Arbeitsleben lang eingezahlt und am Ende konnte man in den verdienten Ruhestand gehen. Das klappt heute nicht mehr reibungslos. Und über unser marodes Bankensystem müssen wir nicht reden, wir können froh sein, wenn wir unser gespartes Geld behalten können.

Unsere Systeme ändern sich also, doch das ist auch gut so, denn Sie sind weder menschlich, noch gerecht oder stabil. Sie sind eher korrupt, auf den eigenen Vorteil aus und gnadenlos. Wer schon einmal bei seiner Bank in der Kreide stand oder von einem Amt eine Unterstützung haben wollte, weiß, wovon ich rede.

Diese Systeme überholen sich erfreulicherweise gerade selbst und werden in 20 Jahren wohl so nicht mehr bestehen.

Doch genau dieser stete Wandel ist Ihre Chance. Sie dürfen sich nur nicht einreden lassen, dass es „uns" schlecht geht und wir sparen, uns einschränken oder uns klein machen müssen. Denn eines ist sicher: den Politikern, Wirtschaftsbossen und dem Medienmogul geht es nicht schlecht, sie sparen auch nicht, schränken sich nicht ein … und ganz sicher machen sie sich nicht klein und unscheinbar. So etwas erwarten sie nur vom Volk, von Ihnen und mir. Dumm ist nur, dass diese Damen und Herren es bei Ihnen und mir nicht mit friedlichen Schafen zu tun haben, die sich willig von ein paar Hütehunden lenken lassen. Wir Minipfad-Besitzer sind eher wie eigenwillige, selbstbestimmte Bergziegen. Und wer schon einmal – in natura oder im Fernsehen – hat Bergziegen eine Felswand erklimmen sehen, weiß, was ich meine. Minipfadbesitzer sind so etwas wie „das kleine gallische Dorf". Wir sind kreativ, unbequem für Wirtschaft und Politik und immer irgendwie gerade unterwegs und somit abwesend, wenn es darum geht, die Massen zu lenken.

Schluss also mit Fremdbestimmung und Dauer-Frust. Wir haben es in der Hand, wir können aussteigen aus diesem Zug, dessen Zielbahnhof wir nicht kennen.

Treten Sie also einen Schritt beiseite, lassen Sie den Mainstream ohne Bewertung des einzelnen Menschen an sich vorbeiziehen und fangen Sie an, Ihren eigenen Minipfad zu einem Weg auszubauen.

Was haben Sie?

Sie haben einen mit rot eingekringelten Satz, ein Stichwort oder eine Idee, die Sie zwar begeistert, deren realistische Umsetzung Ihnen aber gerade nicht einfallen will.

Sie merken immer mehr, wie sich Verstand und Buchhaltungs-Dreamteam einmischen wollen und wissen, dass Sie Ihrem inneren Schweinehund noch nicht gewachsen sind. Ihr Problem drängt oder Ihre Sinnfindung schwächelt und macht Sie mürbe.

Gut! Das sind die idealen Voraussetzungen, um aktiv zu werden.

Fangen wir an:

Zunächst müssen Sie leider eine Ihrer Zimmerwände oder eine Wand Ihres Büros umdekorieren. Nehmen Sie die Bilder ab und hängen Sie einen Bogen Papier auf. Wenn Sie nicht einen schönen weißen haben, tut es auch ein Bogen Packpapier.

Ihr Stichwort, Ihre Idee schreiben Sie bitte mit Rot in die Mitte des Bogens. Denken Sie daran: Sie können nicht scheitern, Herr Verstand hockt in seinem Büro, Pförtner und innerer Schweinehund sind im Urlaub, das Buchhaltungs-Dreamteam hat Sendepause und die Zicke *Entscheidung* Redeverbot. Diese Wand, dieses Plakat gehört Ihnen.

Und nun schreiben Sie all jene Ideen auf, die Sie nach gründlichem Durchkauen noch immer spannend finden. Sie dürfen sich gern an den Beispielen orientieren, die Sie bisher gelesen haben. Akzeptieren Sie keine Grenzen! Auf diesem Plakat gibt es „unmöglich“ nicht. Seien Sie wie ein Autor von Fantasy-Romanen: Geht nicht, gibt´s nicht. In der Phantasie ist alles möglich. Wenn Sie sich blockiert fühlen, dann tun Sie so, als würden Sie dies für einen anderen Menschen, für ein anderes „Ich-Unternehmen“ tun. Es fällt uns oft viel leichter, eine Lösung für die Probleme anderer zu finden. Tun Sie so, als hätten Sie den Auftrag bekommen, aus dem vorgegebenen Stichwort ein Unternehmenskonzept zu basteln.

Sehen Sie, schon haben Sie Ihren ersten Beruf: Sie sind Unternehmensberater ☺ !

Ich gehe zwar nicht davon aus, dass Sie Ihre Aufgabe erledigt haben, aber wenn doch (und ich lasse mich immer wieder gern positiv überraschen), dann brauchen Sie nur Ihre Ideen vom Ideensammelsurium, das Sie an Wand oder Spiegel hängen haben, zu übertragen.

Wenn Sie Ihre Aufgabe nicht erledigt haben, dann wird es jetzt Zeit, Ihre Kreativabteilung davon in Kenntnis zu setzen, dass Sie einen Job für sie haben. Und dann müssen Sie leider an den Anfang des Buches zurückkehren und erst Ihre Aufgabe erledigen, bevor Sie hier weitermachen können.

Ja, ich weiß, ein „Ich-Unternehmer“ hat´s schwer. Aber Sie wollten eine Lösung für Ihr Problem, und ich sagte eingangs schon, dass ich Coach und kein Einpeitscher bin…. ☺!

Zurück zu Ihrem Papier an der Wand.

Nun stehen darauf viele Stichworte. Einige davon sind komplett unsinnig, zumindest aus der Sicht Ihres Verstandes. Andere sind unrealistisch, weil Sie aufgrund der Kinder diesen oder jenen Weg nicht einschlagen können oder das Geld dazu fehlt. Wieder andere sahen nur im ersten Moment spannend aus, nun reizen sie Sie nicht mehr.

Achtung: Fallen Sie nicht auf Ihren Schweinehund herein. Sehen Sie sich diese Ideen ganz genau an und fragen sich, warum sie nicht mehr interessant erscheinen. Wenn Sie abnehmen wollen – oder sollten -, um dies oder jenes tun zu können, wird Ihr Schweinehund schon beim Darüber-Nachdenken die Krise kriegen. Er wird knurren und schnappen und Ihnen alles Mögliche versprechen, wenn Sie nur auf dem Sofa blieben. Trotzdem ist die Idee gut, es geht dann nur darum, herauszufinden, wie Sie abnehmen können, ohne wieder rückfällig zu werden.

Sie stehen vor Ihrer Wand und haben eine Menge spannender Ideen dort stehen. Und wie ich schon sagte: Ideen sind Herdentiere, sie sind nur in der Gemeinschaft glücklich. Es kommen also immer mehr dazu. Und Sie als Autor können gar nicht so schnell schreiben, wie Ihnen neue – vollkommen unrealistische – Ideen kommen.

Und dann lehnen sich die Drei aus der Kreativabteilung zurück und sagen: „So, das war´s! Wir sind fertig!"""

Nun sind Sie als Boss gefragt. Der Verstand lugt durch die Tür, doch noch sind Sie nicht bereit. Sie brauchen noch eine Weile, bis Sie diesen Ideensalat sortiert haben.

Mit 50 Jahren anfangen zu wollen, Philosophie-Professor zu werden, ist vielleicht nicht wirklich Ihr Weg, und in Ihrem Viertel die 48. Bäckerei eröffnen zu wollen, wahrscheinlich nicht sinnvoll.

Stopp!

Es mag ja sein, dass Sie mit 50 Jahren kein Philosophie-Professor mehr werden, aber fragen Sie sich, warum Sie es werden wollen! Was liegt Ihnen an der Philosophie? Und – was ist die Alternative zu „Professor"? Wenn Ihnen wirklich so viel an der Philosophie liegt, dann studieren Sie sie zunächst. Und dann wird Ihr Weg Sie weiterführen.

Die 48. Bäckerei in Ihrem Viertel zu eröffnen, ist betriebswirtschaftlich sicher nicht die beste aller möglichen Entscheidungen – es sei denn, Ihr Angebot ist einmalig. Was können Sie, was die anderen nicht machen? Um diese Frage zu beantworten, müssen Sie kein besserer Mensch sein als die anderen. Sie müssen nur die bessere Idee haben. Gehen Sie in die Mitbewerber-Bäckereien und kaufen sich Brot und Brötchen. Schmecken diese? Was könnten Sie alternativ anbieten? Gehen Sie ins Internet, holen Sie sich Informationen über Zulieferer von Bio-Brötchen, glutenfreie Brötchen, Brötchen für Allergiker, Brote für Diabetiker, Brote für ….!

Machen Sie sich schlau, denken Sie weiter. Gehen Sie in andere Bäckereien, die ebenfalls Alternativen anbieten. Bewegen Sie sich, sowohl physisch als auch mental. Beschäftigen Sie sich mit diesem Thema. Und vielleicht werden Sie merken, dass die Idee „Bäckerei" allmählich einer anderen Idee Platz macht. Und das ist vollkommen in Ordnung so. Wir dürfen Ideen verwerfen, ja, wir müssen es tun. Nicht alles, was gut ist, ist *für Sie* gut. Aber darum geht es: Es geht um Sie!

Vielleicht wird aus der Idee „Bäckerei" mit einem Male „Auslieferer von Sonntags-Brötchen". Mann, was gäbe ich dafür, Sonntagmorgen Brötchen an meiner Türklinke zu finden! Das kostet einen Euro mehr als im Laden? Gut, das ist es mir wert! Und ich denke, dass ich nicht die Einzige bin, die das so empfindet.

Denken Sie weiter, lassen Sie verrückte Ideen zu. Sie werden merken, wie viel Spaß das bringt! Und noch müssen Sie sich vor Niemandem verantworten. Sie haben noch keine Schritte unternommen, haben noch kein Geld investiert. Was Sie aber machen, ist, Ihr Gehirn auf „Lösung" zu programmieren. Denken Sie ruhig groß, es ist viel einfacher, später zu reduzieren, als aufzustocken.

Sollte Ihnen nun der Einwand, dass das ja alles schön und gut ist, Sie aber aus verschiedenen Gründen dafür nun gerade gar nicht geeignet sind, nicht mehr aus dem Kopf gehen, dann denken Sie nicht groß genug. Wenn Sie ein eher schüchterner Mensch sind, Ihre Sie morgens aus dem Bett treibende Idee aber voraussetzt, dass Sie die Fähigkeiten eines Marktschreiers haben, dann scheint diese Situation zunächst verzwickt. Nun lassen Sie Ihre Idee aber nicht gleich sterben, denn es gibt einen Grund, warum Sie diese

Idee haben. Lesen Sie weiter und lassen Sie sie erst einmal ruhen. Es gibt eine Lösung!

Kommen wir also zur Umsetzung Ihrer Idee:

Zunächst organisieren Sie sich bitte drei Stifte in unterschiedlichen Farben, alles außer rot und schwarz. Dann pinnen Sie einen weiteren Zettel an Ihre Wand. Und oben schreiben Sie Ihre Idee, Ihr Stichwort, Ihr Ziel in rot oder schwarz hin. Und am unteren Ende in einem Kringel Ihren Namen in derselben Farbe. Aber lassen Sie den Zettel mit Ihrem Ideensammelsurium direkt daneben bitte hängen, man weiß ja nie, welche Informationen Sie noch brauchen.

Jetzt verbinden Sie bitte Ihren Namen mit Ihrem Ziel mit einer geraden (wirklich GERADEN) Linie.

Sie haben nun also eine Idee, ein Stichwort, etwas, das Sie reizt, es zu tun. Und Sie haben sich. Jetzt gilt es, herauszufinden, was Sie tun müssen, um dieses Ziel zu erreichen.

Bemühen Sie bitte noch einmal das Internet. Finden Sie zunächst einmal heraus, wer diese Idee noch hatte. Was wurde daraus? Gibt es in Ihrem 100-Seelen-Dorf schon drei Menschen, die diese Idee auch umsetzen? Oder finden Sie darüber gar nichts, und Sie scheinen der erste Mensch zu sein, der diese Idee hatte? Ganz gleich, was dabei herauskommen mag, urteilen Sie nicht, verwerfen Sie Ihre Idee nicht, schreiben Sie sich nur alle Ihnen wichtig erscheinenden Infos auf einen separaten kleineren Zettel.

Nun sehen Sie sich die gesetzlichen Bestimmungen an, die es für Ihre Zielumsetzung zu erfüllen gilt. Müssen Sie eine bestimmte Prüfung dafür ablegen? Sind bestimmte körperliche oder geistige Voraussetzungen erforderlich? Wenn Sie Arzt werden wollen, brauchen Sie erst einmal das Abitur, dann ein Studium und eine bestandene Prüfung. Wollen Sie hingegen einen Kiosk übernehmen, sind die Bestimmungen ganz andere und Sie benötigen vielmehr kaufmännisches Geschick, Kreativität und einen Gewerbeschein.

Jetzt kommen Farben ins Spiel. Entscheiden Sie sich, welche Farbe Sie für die behördlichen Dinge nehmen wollen und schreiben Sie das, was Sie aus Gesetzessicht tun müssen, rechts oder links der Linie auf. Schreiben Sie wirklich **alle** Bedingungen auf. Machen Sie sich schlau, zur Not gehen Sie zur Behörde und erkundigen sich vor Ort.

Ich möchte noch einmal daran erinnern, dass Verstand und Pförtner noch immer den Jahresurlaub genießen! Tun Sie einfach so, als ob Ihnen keine Zweifel kommen. Noch haben Sie nichts unterschrieben, noch haben Sie, außer ein wenig Zeit, nichts investiert. Denken Sie bitte nicht darüber nach, ob es realistisch ist. Im Moment geht es darum, neue Wege zu bauen und aus dem Sumpf von Frustration, Ohnmacht und dem Gefühl der Sinnlosigkeit zu entkommen.

Nachdem Sie die behördlichen Dinge abgeklärt haben, zücken Sie die nächste Farbe und schreiben alles auf, was Sie an finanziellen Mittel benötigen würden, um anfangen zu können. Seien Sie gnadenlos ehrlich und tun Sie so, als hätten Sie beinahe unbegrenzte Möglichkeiten zur Verfügung. Und ich sage es noch einmal: Es spielt keine Rolle, ob Sie zurzeit total pleite sind oder doch noch irgendwo das Geld einer verstorbenen Tante horten. Sie müssen Ihr Hirn auf „vorwärts" programmieren, nicht auf „Stillstand". Und machen Sie sich nicht klein, indem Sie denken, Sie könnten ja auch bescheiden anfangen und erst einmal im Keller beginnen. Das können Sie später immer noch tun, doch im Moment geht es um Kreativität, nicht um Realität. „Geist bestimmt Materie!" Das haben Sie bestimmt schon einmal gehört. Wenn schon der Geist auf „Sparflamme" läuft, wie sieht dann erst die Materie, also das Außen, aus!

Seien Sie großzügig mit sich selbst. Es geht um das kostbarste, was Sie haben. Und das sind nun einmal Sie selbst. Natürlich sind Ihre Kinder kostbar, Ihre Partnerschaft, Ihr soziales Umfeld. Aber wenn Sie nicht (mehr) sind, wenn Sie zusammenbrechen, unglücklich sind oder frustriert, dann leidet auch Ihr Umfeld. Also helfen Sie zunächst einmal sich selbst. Und danach kümmern Sie, ein fröhlicher, zufriedener und ausgeglichener Mensch, sich um all die anderen in Ihrem Umfeld.

Zurück zu Ihrem Zettel an der Wand.

Sie haben Ihr Ziel, die gesetzlichen Bestimmungen und Ihren Finanzplan. Nun kommt Ihr Outfit dran. Ich weiß, es klingt zunächst eigenartig. Aber haben Sie sich schon einmal mit den Augen Ihrer zukünftigen Kunden, Klienten, Mitarbeiter, Kollegen oder sonstigen Menschen gesehen, mit denen Sie es zukünftig zu tun haben werden?

Da Sie bis vor kurzem noch nicht einmal wussten, wie Ihr Ziel lautet, dürfte die Antwort darauf nun ein – wenn auch zögerliches – Nein sein.

Nehmen wir ein Beispiel:

Sie sind seit längerem arbeitslos, das Geld ist knapp und Ihr Selbstbewusstsein am Boden. Die – scheinbare - Sinnlosigkeit Ihres Lebens hängt wie ein Mühlstein an Ihnen und Ihre Motivation ist gleich Null. Nun lesen Sie dieses Buch und haben Ihre Idee gefunden. Das erste Mal seit längerer Zeit leuchten Ihre Augen und Sie sind wach und klar. Es soll nun losgehen. Doch passt Ihr Aussehen, Ihre Körperpflege, Ihre Ausstrahlung zu dem, was Sie vorhaben?

Als Sie müde, traurig, frustriert, arbeitslos und mit schmalem Budget gelebt haben, war es vielleicht uninteressant für Sie, doch nun wollen Sie etwas darstellen. Sie sind ab sofort erfolgreicher Unternehmer, Blumenverkäufer, Heilpraktiker, Mitarbeiter in einem karitativen Verband, ehrenamtlicher Mitarbeiter im städtischen Tierheim oder was sonst als Ziel auf Ihrem Zettel steht. Und nun noch einmal eine provokante Frage: Stellen Sie das dar? Wirken Sie durch Ihr Äußeres souverän und glaubwürdig? Würden Sie zu einem Menschen wie Ihnen Vertrauen fassen?

Ich spreche hier nicht von geliehenen Großraumlimousinen, Designer-Klamotten oder sonstiger Augenwischerei. Es geht nicht um Schein, es geht um Sein! Und dieses Sein verdient Respekt. Kümmern Sie sich also darum.

Gehen Sie zum Friseur. Manchmal wirken ein neuer Haarschnitt oder ein wenig Farbe wie ein Startschuss ins neue Leben. Kümmern Sie sich um Ihre Fingernägel. Sollten Sie beruflich zukünftig im Handwerk oder in der Gärtnerei-Abteilung zuhause sein, wird man Ihnen raue Hände abnehmen, in vielen anderen Berufen nicht.

Und dann gehen Sie an Ihren Kleiderschrank. Ich weiß, das hat Stress-Potenzial, aber es nützt nix! Stellen Sie sich vor, Ihr neues „Ich" stünde neben Ihnen und Sie sollten eine Image-Beratung machen. Sortieren Sie gnadenlos alles aus, was nicht in dieses Image passt. Wenn Ihnen das hilft, schreiben Sie sich Ihr Ziel auf einen Zettel und kleben ihn an die Schranktür. Und nun nehmen Sie sich jede Bluse, jedes Hemd, jede Hose und gucken Sie, ob dieses Kleidungsstück zu Ihrem Ziel passt. Tun Sie es! Werden Sie immer mehr zu der Person, die dieses Ziel tatsächlich erreicht hat. Seien Sie gnadenlos mit Ihrem „alten" Leben und großzügig mit dem neuen. Trennen Sie sich von alten Kamellen, Erinnerungen und ausgelatschten Wegen. Die Hose, die Ihnen Ihr Ex-Mann, ihre Ex-Frau oder die Oma zum letzten Weihnachtsfest geschenkt hat, ist zu eng, voll mit schmerzlichen Erinnerungen oder sowieso nie Ihr Geschmack gewesen. Trennen Sie sich! Die Schuhe sind 15 Jahre alt, die Absätze schief und das Leder vernachlässigt. Weg damit!

Verstehen Sie mich nicht falsch. Ich bin überhaupt kein Freund der Wegwerf-Mentalität. Aber manchmal muss Altes gehen, damit Neues entstehen kann. Und da Sie die Hose eh nicht anziehen und die Schuhe ihren Dienst nun wahrlich getan haben, werden Sie sie zusammenpacken und entsorgen! Schaffen Sie Platz!

Bezüglich der Entsorgung machen Sie bitte zwei Haufen:

Der eine wird im Altkleider-Container entsorgt. Auch wenn Ihr Herz blutet: Weg damit!

Der andere wird sorgfältig durchgesehen, gewaschen und zusammengepackt. Damit fahren Sie in das nächste Sozialkaufhaus. Adressen gibt es im Internet.

Ok, ich höre Ihren Aufschrei. Sozialkaufhaus! Das geht gar nicht! Doch, es geht. Wenn Ihr Budget es hergibt, dass Sie sich neue Kleidung kaufen können, dann geben Sie Ihre gut erhaltenen Sachen im Kaufhaus ab. Andere freuen sich darüber.

Wenn Ihr Budget knapp ist, kaufen oder tauschen Sie Ihre alten Kleidungsstücke gegen neue. Das mag zunächst ein schwerer Schritt sein. Doch denken Sie daran: Sie haben es geschafft, sich aus dem Sumpf der Trostlosigkeit zu arbeiten, Sie sind auf dem Weg, ein motivierter, zufriedener Mensch zu sein. Sie haben bisher mehr geschafft, als Millionen anderer Menschen, die noch immer in dem alten, nirgendwo hinführenden Trott ausharren. Nun brauchen Sie ein wenig Hilfe. Und diese dürfen Sie sich gerne holen. Ihre viel zu enge Hose wird vielleicht schon am nächsten Tag einem anderen Menschen, der auf einem ähnlichen Weg ist wie Sie, helfen. Vielleicht hat diese etwas schmalere Person auch gerade dieses Buch in den Händen. Diese Person freut sich einen Kullerkeks, wenn Sie heute Ihre zu enge Hose gegen eine passendere eintauschen. Denn schon morgen wird diese Person ins Sozialkaufhaus gehen und genau dieses Kleidungsstück finden. Sehen Sie es als ein Geben und Nehmen. Niemand muss sich schämen, schon gar nicht, wenn er sich entschlossen hat, das „Tal der Tränen“ zu verlassen.

Aber Halt! Ganz gleich, wo Sie Ihr neues Outfit kaufen werden, überlegen Sie bei jedem Kleidungsstück, ob es wirklich zu Ihrem neuen Leben, zu Ihrem Ziel passt. Fallen Sie nicht in alte Muster, sonst könnten Sie auch Ihre alten Stücke behalten.

Während Sie sich um Ihre Kleidung kümmern, arbeitet Ihre Kreativabteilung auf Hochtouren. Mit jedem Schritt, den Sie machen, festigt sich in Ihrem Unterbewusstsein die Tatsache, dass Sie nun ein „neuer“ Mensch sind und ab sofort Verantwortung für Ihr „Ich-Unternehmen“ übernehmen. Jeder Schritt macht Ihren inneren Mitarbeitern klar, dass Sie es – diesmal wirklich - ernst meinen und alles auf das neue Ziel ausgerichtet wird. Das Trio aus dem einst so verstaubten Raum arbeitet mit Überstunden, weil sich nun neue Ideen beinahe von selbst kreieren und die Jungs Probleme damit haben, diese alle in für Sie sinnvolle Worte zu fassen. Und auch Sie werden in Ihrem realen Umfeld merken, dass sich etwas tut. Je mehr Sie auf die Tatsache fokussiert sind, zukünftig xyz zu sein, desto häufiger tritt dieses Thema in Ihr Leben. Halten Sie die Augen auf, seien Sie wachsam und offen für alles Neue. Noch sind der Pförtner und Herr Verstand im Urlaub, noch dürfen Sie Ihr Ziel spielerisch erfassen. Noch sind die zwei Wochen nicht um!

Kommen wir zur nächsten großen Herausforderung. Ich weiß, ich fordere viel von Ihnen! In die folgende Aktion dürfen Sie gern Ihre Familie integrieren, was die Sache aber nicht erleichtern wird. *Ihr* Verstand und *Ihr* innerer Schweinehund sind im Urlaub, die der anderen nicht.

Räumen Sie Ihre Wohnung auf! Und ich meine damit nicht, Staub zu wischen und zu saugen (wobei Sie das ja auch gleich mit erledigen können). Ich meine: Nehmen Sie sich jede Schublade, jedes Regal, jedes Schrankfach vor und werfen Sie weg, was Sie belastet, in trübe Erinnerungen fallen lässt oder Sie seit zwei Jahren nicht mehr gebraucht haben. Es ist erstaunlich, wie viele Leute Tassen und Becher mit Rissen horten, wie viele Gummibänder es in einem Haushalt gibt, von deren Existenz niemand etwas wusste und was sich alles in Schubläden verbergen lässt.

Räumen Sie auf! Werfen Sie weg! Verschenken Sie! Wir umgeben uns mit so viel unnützem Zeug, dass wir schon deshalb kaum mehr einen klaren Gedanken fassen können. Wenn Sie allein leben, haben Sie es etwas leichter. Fragen Sie einen lieben Freund/eine liebe Freundin, ob sie Lust hat, Ihnen zu helfen. Dies kann ja gern in Gegenseitigkeit geschehen: Ein Wochenende später helfen Sie ihm/ihr, dasselbe für ihn/sie zu tun.

Ihre Familie hingegen wird vielleicht bocken. Ihr Mann/Ihre Frau hat wahrscheinlich überhaupt keine Lust, das Wochenende mit Aufräumen zu verbringen, von Ihren Kindern ganz zu schweigen. Seien Sie hartnäckig. Bieten Sie ein Wochenende mit Pizza und Kuchen an, dazu süße Getränke und peppige Musik. Sie werden keine Zeit zum Kochen haben, deshalb sind Pizzen o.ä. eine gute Idee. Machen Sie aus der Aufräumaktion eine fröhliche Familienangelegenheit. Und setzen Sie sich trotzdem ein wenig unter Druck. Vereinbaren Sie vorher einen Sperrmülltermin mit Ihrer örtlichen Abfallwirtschaft. Besorgen Sie sich einen Container oder wenigstens einen Anhänger, auf den Sie alles, was der Sperrmüll nicht mitnimmt, laden und zur Müllkippe fahren können. Halten Sie Säcke für Klamotten bereit und Körbe oder Kisten für die Leergutabteilung. Es ist erstaunlich, was alles an Müll anfällt, wenn man erst einmal anfängt. Und entsorgen Sie ihn auch gleich. Machen Sie nicht den Fehler, die Dinge, die weg sollen, „erst einmal in den Keller zu bringen". Von dort werden sie nicht wieder verschwinden! Bringen Sie sie besser gleich weg!

Kinder- oder Jugendzimmer sind auch ein Hort für Dinge, die weg können. Spiele, die vollständig sind, aber nicht mehr gespielt werden, können ins Sozialkaufhaus. Dasselbe gilt für Bücher. Wenn Sie die Dinge nicht auf dem Flohmarkt verkaufen wollen, dann bringen Sie sie weg. Auch die Kleiderschränke des Nachwuchses geben in der Regel eine Menge her und sollten mit wachen Augen durchforstet werden.

Ein spezielles Thema sind Dachböden, Keller, Garagen und Autos. Wahrscheinlich werden Sie all das gar nicht an einem Wochenende schaffen, doch seien Sie hartnäckig. Bleiben Sie dran, zur Not nehmen Sie sich eine Woche frei. Denken Sie daran: Sie räumen nicht nur Ihre Wohnung auf, Sie räumen in Ihrem Leben auf. Und Sie haben einen Plan, ein Ziel, und um das umsetzen zu können, brauchen Sie Luft zum Atmen und Platz für neue Ideen. Also weg mit den alten Strukturen, den ausgelatschten Pfaden (Schuhen) und vollgestopften Schränken. Sie glauben gar nicht, wie befreiend ein leergeräumter Schreibtisch, ein sortierter Kleiderschrank oder ein aufgeräumtes Bücherregal sind. Hinterher werden Sie feststellen, wie frei Sie atmen können.

Natürlich wird Ihnen Ihr Verstand bei nächstbester Gelegenheit sagen, dass ein paar neue Kleider oder eine aufgeräumte Wohnung weder Ihr Problem lösen werden, noch einen neuen Menschen aus Ihnen machen. Und er hat Recht – zum Teil. Sie werden nicht dadurch erfolgreich, dass Sie einen alten Pullover gegen einen neuen eintauschen. Und es bedarf etwas mehr als eine neue Frisur, um sich im Spiel des Lebens durchzusetzen. Doch solange Sie sich selbst nicht wert sind, Ordnung zu halten und auf sich zu achten, werden Sie auch aus dem „Tal der Tränen“ nicht herauskommen. Bis vor kurzem hatten Sie noch nicht einmal ein Ziel, nun bewegen Sie sich auf einer Geraden direkt drauf zu. Lassen Sie sich nicht entmutigen und machen Sie weiter!

Noch ein Wort zu Dingen, mit denen wir bestimmte Erinnerungen verknüpfen. Jeder von uns kennt das. Da bekommt man von der Oma, der Freundin oder den Kindern etwas geschenkt, was so gar nicht (mehr) in unser Leben passt. Die furchtbare Lampe auf dem Tisch, das kitschige Reh auf der Anrichte oder das im Kindergarten gemalte Bild der inzwischen pubertierenden Tochter wecken Erinnerungen, die uns nicht gut tun oder inzwischen überholt sind. Sehen Sie sich diese Dinge genau an. Sicher, Oma hat es gut gemeint und die Tochter war so stolz auf ihren selbstgemalten Schmetterling. Doch darum geht es nicht. Es geht um Sie! Wenn Sie es nicht fertigbringen, sich von diesen Dingen endgültig zu trennen, dann kaufen Sie sich eine schöne Mappe für all die selbstgemalten Bilder und gebastelten Dinge Ihrer Kinder und verstauen sie an einem sicheren, trockenen Ort. Irgendwann einmal, wenn Sie alt und grau sind und Ihre Urenkel auf dem Schoß haben, können Sie sie ja wieder hervorholen. Das kitschige Reh packen Sie sorgfältig in Papier ein und packen es zusammen mit den anderen Dingen, die Sie nicht mehr um sich haben wollen, in einen Karton. Dieser kommt in den Keller und gut ist. Kaum etwas raubt uns so viel Energie, wie Dinge, mit denen wir uns umgeben, die uns aber nicht gut tun. Sie müssen das kitschige Reh oder das geblümte Häkelkissen nicht behalten, Sie müssen nicht immer wieder voll trauriger Erinnerung auf die mit Ihrem Ex gekauften Lampe sehen. Schaffen Sie sich die Dinge vom Hals. Sie wollen ein neues, selbstbestimmtes Leben – holen Sie es sich!

Ziehen wir eine kurze Zwischenbilanz:

Sie haben:

1. ein Ziel, wenn vielleicht auch noch vollkommen unrealistisch
2. genaue Kenntnis über Ihre Finanzen (Kontrolle des Buchhaltungs-Dreamteams)
3. einen – vorläufigen – Finanzplan

4. genaue Kenntnisse darüber, welche gesetzlichen Bestimmungen Sie befolgen müssten, um Ihr Ziel zu erreichen (Schulabschluss, Ausbildung, Zusatz-Ausbildung, Gewerbeschein usw.)
5. Kenntnisse darüber, wie und wie oft Ihre Idee in Ihrem Umfeld zu finden ist (die 48. Bäckerei in Ihrem Viertel, die Anzahl der karitativen Verbände, denen Sie sich anschließen könnten, die Möglichkeiten, als Quereinsteiger in Ihren Wunschberuf zu kommen usw.)
6. eine aufgeräumte Wohnung und ein zum Ziel passendes Outfit
7. Zettel mit diversen (verrückten) Ideen, Stichworten und Erkenntnissen
8. einen beurlaubten Pförtner, einem böse Blicke werfenden Verstand und eine maulende Vorzimmerdame
9. eine Kreativabteilung, die Überstunden macht

Jetzt wird es zum ersten Mal ernst. Nutzen wir die Zeit, in der in Ihrem „Ich-Unternehmen“ noch Urlaubszeit und Redeverbot herrschen.

Nun gehen Sie nämlich aktiv „Ziel“-Luft schnuppern. Ganz gleich, wie Ihre Idee auch heißen mag, heute gehen Sie dorthin, wo sie zuhause ist. Wenn Sie überlegen, einen Laden für Kinderbekleidung zu eröffnen, werden Sie an diesem Tag all diese Läden Ihrer Stadt besuchen. Lassen Sie die Atmosphäre auf sich wirken, sehen Sie sich die Produkte an, die Ladeneinrichtung, die Angestellten. Was wirkt gut auf Sie, was würden Sie anders machen? Welche Ideen kommen in Ihnen hoch, wenn Sie so durch die Gänge schlendern? Denken Sie daran, Ihre Kreativabteilung ist bei Ihnen und wartet nur auf Anweisungen.

Machen Sie sich vertraut mit der Umgebung, in der Sie Ihre Idee verwirklichen wollen. Möchten Sie sich ehrenamtlich betätigen, dann machen Sie einen Probetag. Wenn Sie studieren wollen, dann melden Sie sich als Gast an und verbringen einen Tag im Hörsaal. Tun Sie einen Tag lang so, als ob Sie bereits mitten im Leben Ihrer Idee wären. Lassen Sie den Verstand zuhause, noch haben Sie sich nicht endgültig entschieden. Noch probieren Sie nur aus. Aber raffen Sie sich für einen Tag auf und tun Sie so, als ob Sie bereits in Ihrem neuen Umfeld arbeiten und/oder leben würden.

Vielleicht sind Sie am Ende dieses Probetages glücklich, zufrieden und voller neuer Ideen. Vielleicht hat Ihnen der Tag aber auch gezeigt, dass Ihre Idee noch nicht zu 100 Prozent „Ihr Ding ist". Lassen Sie diese Gefühle zu. Was müssten Sie ändern, was fehlt, wen könnten Sie fragen?

Was allerdings nicht zählt, sind Einwände wie: „Ich kann nicht studieren, wer sollte sich um die Kinder kümmern." Dies sind berechtigte Einwände und wir werden uns später um sie kümmern, doch zuerst einmal müssen Sie eine Sie morgens aus dem Bett treibende Idee entwickeln. Keine Angst, niemand erwartet von Ihnen Verantwortungslosigkeit gegenüber der Familie, doch Sie sollten auch nicht eine Verantwortungslosigkeit Ihnen selbst gegenüber akzeptieren.

Wenn Sie also das Gefühl haben, dass Ihre Idee grundsätzlich genau das ist, was Sie machen möchten, dann nehmen Sie sich eine weitere Farbe und schreiben auf Ihren Zettel an der Wand, was Sie ändern müssten. Dies könnten Einwände sein wie:

„Grundsätzlich brauche ich eine weitere Ausbildung, doch der Probetag in der Firma XY, der Uni YZ hat mich nicht überzeugt."
Memo an Wand: neuen Probetag in einer anderen Firma/Uni, einem anderen Verein/Verband organisieren."

„Grundsätzlich ist es genau das Richtige, aber mir fehlt noch ein wenig Hintergrundwissen."
Memo an Wand: Wen kann ich fragen, wer weiß, was ich wissen muss?"

„Grundsätzlich weiß ich nun, was ich will, aber es gibt in unserem Viertel, in unserem Dorf schon drei, die diese Idee auch umgesetzt haben."

Memo an Wand: Würde ich für meine Idee umziehen? Wo müsste ich hinziehen? Oder gibt es etwas, das ich anders machen könnte als diese drei Mitbewerber?

Nicht akzeptiert werden im Moment Einwände wie:

„Grundsätzlich würde ich es ja gerne machen, aber wer kümmert sich um die Kinder, Tiere, Oma?"
„Grundsätzlich hätte ich schon Lust dazu, aber wovon soll ich leben/wovon soll ich das finanzieren?"

Verstehen Sie mich nicht falsch: Diese Einwände sind berechtigt! Doch Sie nützen Ihnen nichts. Wir kümmern uns später um sie. Sie bringen Sie der Lösung nicht eine Spur näher. Im Gegenteil. Schon die Vorstellung, Ihre Kinder, Tiere, Oma scheinbar vernachlässigen zu müssen, lähmt Sie und lässt zum Schluss womöglich die ganze Idee platzen. Aber schreiben Sie die Einwände auf den Zettel mit Ihrem Ideensammelsurium. Damit haben Sie sie aus dem Kopf und trotzdem werden sie nicht vergessen. Und wenn Sie heute Abend ins Bett gehen, dann bringen Sie der Kreativabteilung Ihres „Ich-Unternehmens" den Zettel mit diesen Bedenken vorbei. Bitten Sie das Trio, sich um die Angelegenheit zu kümmern und Ideen zur Lösung zu entwickeln. Und dann vergessen Sie die ganze Sache. Die Jungs werden sich kümmern und Sie können weiter an Ihrer Idee basteln.

Denn nun kommt der große Moment und Sie werden ab sofort der neue Big-Boss Ihres Unternehmens sein:

Sie werden heute den ersten Schritt tun, Ihre Idee umzusetzen!

Sie werden sich nämlich jetzt sofort mit dem Rest Ihrer Chefetagen-Mitarbeiter zusammensetzen. Herr Verstand, die Zicke „*Entscheidung*", die Vorzimmerdame „*Erfahrung*", der smarte Typ „*Ablenkung*", der Pförtner „*Wahrnehmung*" samt Schweinehund und sogar das Buchhaltungs-Dreamteam werden an den runden Tisch gebeten. Dazu kommen das Kreativ-Trio und Ihr inneres Kind aus dem Zimmer davor.

Die Stimmung ist angespannt. Die Damen und Herren spüren, dass Veränderung in der Luft liegt, und nicht jedem gefällt das. Der smarte Typ „*Ablenkung*" versucht es zunächst mit Bügelwäsche, dann mit einem interessanten Katalog in der Post und schließlich mit einem Lied im Radio, das Erinnerungen an eine frühere Liebe in Ihnen wachruft, doch Sie dürfen nicht nachgeben. Bleiben Sie dabei: Heute ist der Tag aller Tage, heute werden Sie sich für Ihre Idee entscheiden!

Sie erzählen Ihren Mitarbeitern von Ihrer Entscheidung. Ab sofort wird dieses „Ich-Unternehmen" folgendes machen: ………..! Sagen Sie es laut, auch in Ihrem realen Leben. Stellen sie sich vor den Spiegel, sagen Sie es laut und deutlich. „Ab heute bin ich (wieder Student, selbständig, Blumenverkäufer, Tagesmutter, Heilpraktiker-Anwärter, Köchin für 200 Schüler usw.). Sagen Sie es noch einmal laut. Es hilft Ihnen, vor denen zu bestehen, die gleich über Sie herfallen werden.

Wenn Sie sich an Ihrem imaginären runden Tisch nun nämlich einmal umsehen, könnte Ihnen das schon auf den Magen schlagen. Herr Verstand schüttelt verständnislos mit dem Kopf und beginnt, seine gefürchteten Listen zu schreiben. Die Vorzimmerdame rennt aus dem Büro und kommt Augenblicke später mit einem dicken Aktenordner wieder. Und darin stehen all die Versäumnisse, die abgebrochenen Tätigkeiten und nicht beendeten Handlungen von Ihnen. Mit vorwurfsvollem Blick weist die Dame auf den Ordner und klagt, dass Sie noch nie etwas zu Ende gebracht haben, dass Sie zu jung, zu alt, zu dumm, zu träge, zu … sind, um eine solche Idee auch nur in Betracht zu ziehen. Herr Verstand nickt. Und außerdem, erläutert er herablassend, wären Sie sowieso nicht der Richtige für diesen Beruf. Wer soll sich denn dann um die Kinder, Tiere, Oma kümmern? Und wie, so fragt er, stellen Sie sich denn das mit den Finanzen vor? Kaum hat er das ausgesprochen, fallen die Buchhaltungsdamen über Sie her. Keinen Pfennig hätten Sie auf der Naht, aber sich solche Dummheiten überlegen! Wer, bitte schön, würde Ihnen denn Geld geben? Oder würden Sie eine Bank ausrauben wollen, um diesen Neustart zu finanzieren?

Der smarte Typ „*Ablenkung*" versucht sofort, einen Ausgang aus diesem Dilemma zu finden, indem er herrliche Filme im Fernsehen laufen lässt oder Ihnen eine neue Liebe schickt. Alles, denkt er, alles, nur das nicht. Nicht ein *Ziel* in diesem Unternehmen. Das würde alles zerstören. Die ganze schöne Langeweile wäre weg, die vertanen Tage und Wochen, die herrlichen Selbstzweifel. Schon bei der Überlegung, seine Position zu verlieren, wird ihm angst und bange.

Die Zicke „*Entscheidung*" heult. Zu lange hatte sie das Zepter geschwungen, zu lange konnte sie entscheiden, was sie wollte. Und nun kommen Sie, mimen den „Big-Boss" und glauben, sie würde das mitmachen. Falsch gedacht. Ein hasserfüllter Blick trifft Sie mitten auf die Stirn und Sie ertappen sich dabei, wie Sie wieder für einen kurzen Moment Entscheidungen fällen, die weder durchdacht noch emotionslos sind. Die Zicke kämpft um ihren alten Platz und es wird eine Weile dauern, bis sie bereit ist, Ihnen die Führung zu überlassen. Beobachten Sie sie genau, lassen Sie sie die nächsten Wochen nicht aus den Augen. Ganz gleich, welche Entscheidung Sie treffen, überzeugen Sie sich davon, dass Sie sie treffen und nicht die Zicke!

Und nun sitzen Sie da, sind überschüttet mit Fakten, warum diese Idee die dümmste aller möglichen Ideen ist, und fühlen, wie die Zweifel in Ihnen hochsteigen.

Stopp! Halten Sie sofort an! Stoppen Sie dieses Gedankenkarussell. Erinnern Sie sich, Sie haben eine Idee. Und Sie wussten, dass Ihnen der Verstand und die Zicke nicht kampflos das Feld überlassen werden.

Werfen Sie einmal einen Blick auf das Kreativ-Trio. Was immer die Vorzimmerdame, der Verstand, das Buchhaltungs-Trio und die Zicke an Argumenten vorbringen, das Kreativtrio hält dagegen. Aber es behauptet nicht, besser zu sein als die anderen. Es hört zu, überlegt, denkt nach. Und dann kreiert es neue Lösungswege.

Und genau so geschieht es auch im Außen. Natürlich wird Ihnen Ihr Verstand sagen, dass diese Idee von Ihnen ja gut gemeint, aber völlig undurchführbar ist. Das Buchhaltungs-Dreamteam wedelt mit einem Kontoauszug vor Ihrer Nase herum, und im realen Leben wissen Sie genau, dass Sie eigentlich blank sind und über keinerlei Startguthaben verfügen. Der smarte Typ „*Ablenkung*" gurrt um Sie herum und im Außen wird keine Gelegenheit ausgelassen, Sie abzulenken und vom Nachdenken abzuhalten.

Die Vorzimmerdame macht ganze Arbeit und lässt Sie auch nachts nicht zur Ruhe kommen. Immer wieder geistern Ihnen Ihre früheren Fehlentscheidungen, Misserfolge und böse Erinnerungen durch den Kopf, die Sie einschüchtern, mürbe machen oder entmutigen sollen. Halten Sie dem Stand! Denken Sie immer wieder daran: Es ist Ihr Unternehmen, Sie bestimmen, was geschieht!

Wenn jeder, der einmal „Pech" gehabt hat, liegen geblieben, nicht wieder aufgestanden wäre und weitergemacht hätte, dann würden Sie z.B. dieses Buch nicht lesen können. Auch ich habe einmal ein Problem ignoriert, bis es mich dann mit dem imaginären Baseball-Schläger bearbeitet hat. Gehen Sie auf die Straße! Sehen Sie sich die Menschen an! Da gibt es nicht einen, der nicht schon mal etwas durchmachen musste, das ihn beinahe aus der Bahn geworfen hätte. Und trotzdem sind die meisten dieser Menschen wieder aufgestanden. Sie haben sich aufgerappelt, haben die Schultern gestrafft und weitergemacht. Denken Sie an eine Ihrer Liebe, an ein durchgemachtes Beziehungs-Aus. Damals haben Sie gedacht, dass der Liebeskummer Sie umbringen würde. Eigentlich hätte die Welt wenigstens stillstehen, aber eigentlich untergehen müssen. Tat sie aber nicht. Sie drehte sich einfach weiter und die Zeit verging. Es kam eine neue Liebe und der Schmerz der Erinnerung trat in den Hintergrund. Und ähnlich wie bei unseren Beziehungen müssen wir uns auch bei unserem „Ich-Unternehmen" entscheiden: Lassen wir die Erfahrung eines einmal durchgemachten Schmerzes unser weiteres Leben bestimmen? Oder nutzen wir diese Erfahrung, um es beim nächsten Mal besser zu machen?

Niemand erwartet von Ihnen, dass Sie die Vorzimmerdame, also Ihre Erfahrungen und Erinnerungen, vor die Tür setzen. Wir müssen nicht jedes Mal das Rad neu erfinden, wir können, ja, wir sollten unsere Erfahrungen nutzen. Aber wir dürfen uns nicht von ihnen beherrschen lassen.

Wenn Sie also schon einmal „auf die Nase gefallen sind", dann nutzen Sie diese Erfahrung und sehen sich genau an, was damals schief gelaufen ist. Sehen Sie genau hin, auch wenn es wehtut. Schreiben Sie alles auf, analysieren Sie es. Seien Sie offen für schmerzliche Erinnerungen, oft sind genau sie es, die uns weiterhelfen können. Und wenn Sie die Fakten, Erinnerungen, Emotionen und geistigen Bilder genug durchgekaut und auseinandergenommen haben, schließen sie diese Akte, drücken einen „Erledigt"-Stempel darauf und stehen auf. Und dann legen Sie los und machen es besser.

Zurück zu unserem Chefetagen-Meeting.

Ok, wirkliche Freunde werden Herr Verstand und das Kreativ-Trio in diesem Leben nicht mehr, aber Sie bemerken, wie sie zumindest miteinander reden. Herr Verstand bringt Argumente hervor, die gegen diese Idee sprechen. Die drei Jungs hören aufmerksam zu, nickten – und fangen sofort an, Lösungswege zu erarbeiten. Gewisse Einwände sind ja auch nicht von der Hand zu weisen. Wenn Ihr eingekringeltes Ziel „Reisen in ferne Länder" heißt, Sie aber alleinerziehend mit zwei kleinen Kindern sind, dann sieht es zunächst so aus, als ob Sie festsitzen. Weder die Verantwortung für die Kinder, noch Ihr kleines Budget sprechen dafür, dass Ihre Idee eine gute Idee war. Aber halt! Urteilen Sie nicht so vorschnell. Beobachten Sie stattdessen einmal Ihr Kreativ-Trio. Da es von Ihnen noch keine gegenteilige Anweisung erhalten hat, arbeitet es immer noch an der Umsetzung Ihrer Idee. Und die heißt „Reisen". Ganz gleich, was der Verstand auch vorbringt, das Trio versucht, einen Weg durch oder um das Problem herum zu finden, um Ihre Anweisung zu erfüllen.

Sehen Sie hin! Wenn das von Ihnen festgesetzte Ziel Ihr Herzenswunsch ist, dann wird Ihr Kreativ-Trio alles, aber auch alles daran setzen, einen Weg zu finden. Wenn Sie Ihre Ziele aber jeden Tag neu formulieren, machen Sie es den Jungs wirklich schwer. Bleiben Sie also am Ball, ändern Sie nicht alle 24 Stunden Ihre Meinung oder werfen das Handtuch. Was sollen Ihre Mitarbeiter von Ihnen denken? Dass Sie aufgeben, sobald es etwas unruhiger oder schwieriger wird? Bei den meisten „Ich-Unternehmen" ist das leider so. Aber nicht bei Ihnen! Sie sind hochmotiviert, entschlossen, sich nicht einschüchtern zu lassen, und haben Ihre Mitarbeiter fest im Griff.

Wenn Sie nun denken, dass das zwar schön klingt, in Ihrem speziellen Fall aber leider nicht zutrifft, dann schließen Sie die Augen. Denken Sie an Ihr imaginäres Unternehmen. Gehen Sie durch Ihre Chefetage, stellen Sie sich die Zicke, die Vorzimmerdame und alle anderen Mitarbeiter detailliert vor. Sehen Sie den kopfschüttelnden Verstand, die zickige Entscheidung, die resolute

Vorzimmerdame, den smarten Typen in der Teeküche und das Buchhaltungs-Dreamteam? Sehen Sie die erwartungsvollen Augen Ihres Kreativ-Trios? Denken Sie an den Pförtner mit seinem inneren Schweinehund an der Leine und die vielen Arbeiter, die zum (kleinen) Teil völlig überfordert sind, zum großen Teil aber überhaupt nichts tun. Sie alle arbeiten für Sie. Sie haben sie damals, als Ihre Reise auf diesem Planeten begann, zur freien Verfügung mitbekommen. Und ich denke, dass es nur zwei Dinge gibt, die wirklich für alle gesunden Menschen in diesem Land gleich sind, ganz egal, ob Sie Boss eines Milliarden-Unternehmens oder völlig mittellos sind:

Wir alle haben unser imaginäres „Ich- Unternehmen" mit all seinen Mitarbeitern.
Ein Tag hat 24 Stunden.

Es geht nur darum, wie wir das Unternehmen führen und was wir aus diesen 24 Stunden machen.

Ein erfolgreicher Unternehmer, und es spielt überhaupt keine Rolle, wie groß dieses Unternehmen ist, setzt sowohl seine Mitarbeiter als auch seine Zeit projektorientiert ein. Da gibt es kein – oder kaum – Gezeter zwischen den Mitarbeitern der Chefetage. Da kommt es nicht zu Informationslücken zwischen Chefetage und Arbeitern. Da weiß jeder, was er zu tun hat – und die Entscheidungen darüber trifft der Boss.

Natürlich haben auch zufriedene, in sich ruhende, glückliche Menschen ihre Krisen. Natürlich läuft auch bei ihnen nicht immer alles glatt. Doch sie wissen, was zu tun ist, wenn die „Keule des Lebens" einschlägt: Alle Mitarbeiter der Chefetage (auch die Kreativabteilung) kommen an den runden Tisch und es wird sofort lösungsorientiert überlegt. Da ist keine Zeit für Gedanken wie „Ich schaffe es nicht!" oder „Ich bin es nicht wert!". Sollte einer der Damen und Herren auch nur auf die Idee kommen, so etwas zu sagen, schlägt der Boss dazwischen und erteilt Redeverbot. In einem erfolgreichen „Ich-Unternehmen“ kommt das Problem auf den Tisch und alle sind gleichermaßen daran interessiert, es zu lösen. Den Mitarbeitern eines erfolgreichen Unternehmens, gleich ob imaginär oder real, geht es gut. Sie haben kein Interesse daran, an diesem Zustand etwas zu ändern. Der Mitarbeiter Verstand aus einem erfolgreichen „Ich-Unternehmen“ ist ein souveräner, gelassener Mann, der blitzschnell arbeitet, aber durchaus die Arbeit der Kreativabteilung in Anspruch nimmt. Das Buchhaltungs-Dreamteam eines produktiven „Ich-Unternehmens“ nimmt auch mal Miese auf dem Konto hin, ohne gleich die Krise zu kriegen. Die Damen wissen, dass schon sehr bald wieder Geld fließen wird und alles gut ist. Die Vorzimmerdame hat auch Ordner mit Fehlschlägen und Missetaten im Regal stehen, doch diese Ordner stehen ziemlich weit hinten. Vorne an aber stehen Ordner in bunten Farben, die über all die Ideen und Kreationen berichten, die das „Ich-Unternehmen“ auf die Beine gestellt hat. Und jeder Gast, ganz gleich, ob *gute Idee* oder *Angst* wird mit Respekt und Humor gleichermaßen behandelt und mit freundlichen Worten zum Big-Boss durchgelassen.

Ein erfolgreiches „Ich-Unternehmen“ weiß, dass es „Pleiten, Pech und Pannen“ nicht nur durchstehen, sondern auch mit neuen Ideen im Gepäck erfolgreich überwinden wird. Solange bei Ihnen aber nur genörgelt und gemobbt wird, wird das nichts. Und der einzige, der das ändern kann, sind Sie selbst.

Nehmen Sie sich Ihre imaginären Mitarbeiter einzeln vor, weisen Sie sie in die Schranken. Sie haben nun genug Zeit damit vertrödelt, sich selbst Leid zu tun, jetzt heißt es, produktiv zu werden.

Sie haben eine Idee, doch das einzige, was der Großteil Ihrer Mitarbeiter hinkriegt, ist, daran herumzunörgeln. Unterbinden Sie das! Geben Sie der Kreativabteilung mehr Rückendeckung. Und jeder, der auch nur flüstert, Sie würden erfolglos bleiben oder sowieso unwichtig sein, dem erteilen

Sie Redeverbot für mindestens vier Wochen. Keiner Ihrer Mitarbeiter wird Sie je wieder ungestraft klein machen dürfen, niemand wird hinter Ihrem Rücken Witze erzählen und der smarte Typ „*Ablenkung*" wird sein Leben zukünftig in der Teeküche verbringen müssen – zusammen mit dem Schweinehund. Räumen Sie endlich auf in Ihrer Firma. Und hören Sie auf Ihre Kreativabteilung!

Was mich zurückbringt zu meinem Beispiel mit der reisewilligen Person mit zwei kleinen Kindern und dem schmalen Budget. Nur eingefleischten Globetrottern wird es gelingen, den Amazonas herunter zu schippern und dabei die Kinder an Bord zu haben. Alle anderen Eltern brauchen eine andere Idee. Und nun sind Sie als „Ich-Unternehmer" gefragt. Ihnen muss es nun gelingen, Ihre (noch immer leise) nörgelnden Mitarbeiter wie Verstand, Zicke und Vorzimmerdame einerseits und die Kreativabteilung andererseits unter einen Hut zu bekommen.

Und das funktioniert so:

Zunächst hören Sie sich die Argumente, die dagegen sprechen, genau an. In Ihrem realen Leben heißt das: Schreiben Sie auf, was Ihnen als Gegenargument einfällt. In unserem Beispiel würde es sicher heißen: kleine oder schulpflichtige Kinder und kein Geld.

Und nun verwandeln Sie diese Argumente in Vorteile! Ja, Sie lesen richtig. Genau diese Gegenargumente könnten Ihr großer Vorteil, Ihre zündende Geschäftsidee, Ihr Ausweg aus dem Schlamassel sein. Um bei meiner Beispielperson zu bleiben, die natürlich nicht fiktiv, sondern höchst real ist: Auch andere Eltern mit kleinen Kindern und noch kleinerem Budget stehen jedes Jahr vor der Frage, wie sie ihren Urlaub verbringen können. Das Geld reicht kaum für eine Fahrt an die Ostsee, von weiteren Reisen ganz zu schweigen. Und die Bootsfahrt auf dem Amazonas könnte auch die Reise zum Jupiter sein, das Gefühl der Unerreichbarkeit dieser Ziele fühlt sich in etwa gleich an.

Die höchst realistische Person aus meinem Beispiel, nennen wir sie Sabine, hat vor etwa zwei Jahren folgendes getan:

Nachdem sie sich in Reisebüros und im Internet ausgiebig über das Angebot für Familien mit kleinstem Budget informiert hatte, musste sie feststellen, dass es zwar eine ganze Menge Angebote gab, doch diese immer noch zu teuer waren. Und je günstiger die Reisen waren, desto langweiliger wurden sie. Nun nahm sie ihre Kinder mit ins Boot. Ihre Zwerge, damals 5 und 7 Jahre alt, durften selbst auswählen, was sie spannend fanden und gern tun wollten. Jeder durfte seiner Phantasie freien Lauf lassen, und Kinder haben damit ja erfreulicherweise noch überhaupt keine Probleme. Dann begann Sabine, sich in ihrer Stadt umzusehen. Und zwei Dinge geschahen: Erstens musste sie feststellen, dass sie ihre Stadt überhaupt nicht kannte, obwohl sie ihr ganzes Leben dort gelebt hat. Und zweitens wurde sie zum Bluthund, was das Aufspüren von interessanten Angeboten anging. Heute verdient sie damit ihr Geld; sie stellt Ferienprogramme für Familien zusammen, die kein Geld haben, weit weg zu fahren und dennoch etwas erleben wollen. Ihre Aufträge kommen inzwischen von überall her. Die Menschen sagen ihr, in welcher Stadt oder in welchem Umfeld sie sich bewegen wollen, wie viel Geld sie zur Verfügung haben und wie lang der Urlaub sein soll. Und Sabine „zaubert“ aus ihrem schier unerschöpflichen Vorrat an Kenntnissen herrliche Urlaubstage „am Strand“ im städtischen Wellness-Freibad, lockt mit kulturellem Angebot in örtlichen Museen und Galerien, die immer wieder spannende Angebote haben oder weiß von der „Nacht der Märchen“ in der Bücherei. Ein, zwei oder auch drei Wochen lang können Familien ihren Urlaub in der eigenen Stadt oder auch ganz anderen Orten innerhalb von Deutschland verbringen, ohne dass auch nur die Spur einer Langeweile aufkommt. Und das Beste an der Sache ist, dass Sabine alles vorher ausprobiert und ihre Kinder als „Jury“ immer dabei hat. Vorbei sind die Wochenenden, in denen sich die Kinder in den Haaren hatten, weil ihnen die Decke auf den Kopf fiel, vorbei sind die Zeiten, wo Ferien zum langweiligen Albtraum wurden. Heute sind die drei ständig unterwegs, erforschen neue Städte, kennen inzwischen wohl jede nennenswerte Sehenswürdigkeit in Deutschland, und wenn ich mir die beiden aufgeweckten Kinder ansehe, dann weiß ich, dass die Mutter eine gute Entscheidung getroffen hat.

Aber: Sie hätten die Familie hören sollen! Was musste sich Sabine von Eltern, Freunden und Bekannten nicht alles anhören! Die Vorwürfe der völligen Verblödung und Verantwortungslosigkeit waren noch die harmlosesten. Aber warum reagierte das Umfeld so fassungslos? Warum freuten sich Familie und Freunde nicht mit Sabine?

Auf dieses Phänomen werden Sie auch noch stoßen. Deshalb möchte ich Sie an dieser Stelle schon einmal darauf vorbereiten. Denn nur sehr wenige Menschen werden Sie unterstützen und Ihnen den Erfolg gönnen. Ganz gleich, ob Sie „nur so" etwas tun oder sich sozial engagieren wollen oder ob Sie damit Ihren Lebensunterhalt bestreiten wollen; sie lösen in den meisten Menschen Befremden aus. Der Grund dafür ist der Spiegel, den Sie den anderen mit Ihrer Selbstbestimmung vorhalten.

Zur Verdeutlichung stellen Sie sich ein Mehrfamilienhaus vor, in dem nur Arbeitslose und Hartz-IV-Bezieher leben. Die Stimmung ist auf einem ganz bestimmten Niveau, die Themen sind bei allen gleich und durch all die Perspektivlosigkeit, den Frust, der Wut und Existenzangst ist ein Gefühl der Gemeinschaft entstanden. Allen geht es gleich schlecht, die Menschen wissen genau, wie und was der Nachbar denkt und fühlt. Und nun findet einer der Bewohner Arbeit, geht morgens pünktlich in die Firma, hat mit einem Male Geld, womöglich ein Hobby, und neue Themen im Kopf. Da wird abends mit den neuen Kollegen ein Bierchen getrunken, das Geld reicht jetzt aus, um auch mal am Wochenende wegzufahren und das zwar nicht neue, aber irgendwie doch schicke Auto passt auch ins Budget.

Was, glauben Sie, empfinden die anderen Bewohner unseres fiktiven Mehrfamilienhauses? Ist dieser Mensch, der im Grunde nichts anderes tut, als Millionen andere Menschen auch, noch immer einer von ihnen? Oder werden Argwohn, Neid und Missgunst überwiegen?

Nun schauen Sie sich Ihr eigenes Umfeld an. Sind Sie ein „Außenseiter", weil alle anderen einer sinnvollen Beschäftigung nachgehen, und nur Sie dümpeln vor sich hin? Oder befinden sich die Menschen um Sie herum ebenfalls auf der Suche?

Und nun kommen Sie und erzählen ihnen von Ihrer grandiosen Idee. Sie haben nicht mehr so viel Zeit für sie, weil Sie sich unablässig mit dieser neuen Herausforderung beschäftigen. Ihre Gedanken, Ihr Handeln, Ihr gesamter Fokus ist auf diese eine Sache gerichtet. Da bleibt erst einmal keine Zeit, mit den Jungs und Mädels abzuhängen, da gibt es Wichtigeres, als sich vor den Fernseher zu setzen oder sonst einer Zerstreuung nachzugehen.

Memo an Chef: den smarten Typ „Ablenkung" im Auge behalten!

Und, so hart es in Ihren Ohren klingen mag, nun trennt sich die Spreu vom Weizen. Nur diejenigen, die Sie wirklich gern haben, denen wirklich etwas an Ihrem Glück liegt, werden Ihnen signalisieren, dass sie den Weg mit Ihnen gehen werden. Vielleicht haben diese Menschen Bedenken oder Vorschläge, die hilfreich sein könnten, aber sie werden Sie nicht aufhalten wollen. Hören Sie diesen Menschen zu. Manchmal kommen die besten Hinweise von außen.

Alle anderen werden Ihnen auf die eine oder andere Art und Weise klarmachen wollen, dass Sie „nicht ganz dicht" sind. Diese anderen gliedern sich jedoch auch wieder in zwei Lager. Das eine Lager besteht aus Menschen, die ihr ganzes Leben lang gearbeitet haben, meistens sogar in nur einer Firma. Oft finden wir diese Menschen in der älteren Generation. Für sie ist jede Abweichung von der Norm eine beinahe körperlich spürbare Bedrohung. Worte wie „Minipfade“ und „innovative Ideen“ kommen in ihrem Wortschatz nicht vor. Trotzdem sind diese Menschen gute Ansprechpartner – wenn Sie geschafft haben, dass sie Ihnen zuhören. Nachdem sie sich nämlich erst einmal darüber ausgelassen haben, warum Ihre Idee auf überhaupt gar keinen Fall umsetzbar ist und Sie dermaßen kläglich damit scheitern werden, müssen auch sie Luft holen. Und genau das ist Ihr großer Moment. Fragen Sie diese Menschen, was sie machen würden, wenn *sie* Ihre Idee umsetzen sollten. Und weil diese Menschen kontinuierliche Arbeit gewohnt sind und oft schon einen langen „Arbeits“-Weg mit Höhen und Tiefen hinter sich haben, könnte sehr wohl das eine oder andere Sinnvolle dabei herauskommen.

Und dann gibt es den Rest. Das sind Menschen, denen Sie vollkommen gleichgültig sind, ganz gleich, ob sie es zugeben oder nicht. Und es sind Menschen, die vor nichts so viel Angst haben, als davor, einen Spiegel vorgehalten zu bekommen. Denn wenn *Sie* Erfolg mit „diesem „Ich-tue-es-jetzt!“-Blödsinn“ haben, dann heißt das, dass es funktioniert und es keinen Grund gibt, sich hängen oder treiben zu lassen. *Ihr* Erfolg, *Ihr* Minipfad ist sozusagen der Stempel „Du kannst es, aber du willst es nicht!“ auf der Stirn des anderen.

Stopp! Versuchen Sie nicht, die Welt zu retten. Die Welt muss nicht gerettet werden. Wenn Sie einen Verwandten, einen Freund haben, der in einer ähnlichen Situation ist, wie Sie es sind, schenken Sie ihm dieses Buch – und dann laufen Sie Ihren eigenen Minipfad weiter. Jeder Mensch hat das Recht auf seine freie Entscheidung. Wenn Ihr Verwandter, Ihr Freund nicht weiß, wohin der Weg führen soll, dann gibt es, wie Sie aus eigener Erfahrung wissen, einen Weg aus diesem „Tal der Tränen“. Aber das muss jeder für sich entscheiden. Und jeder muss für sich seinen individuellen Minipfad bauen.

Zurück zu Sabine und ihrer zündenden Idee. Am Anfang hatte sie nicht geglaubt, dass sie damit jemals würde Geld verdienen können. Die Menschen, die sich für ihr Angebot interessieren, hatten in der Regel ein wirklich bescheidenes Budget, das sie nicht auch noch für einen „Ferien-Makler" ausgeben wollten. Dazu kam, dass Sabines Familie wirklich unkooperativ war und keine Gelegenheit ausließ, sie lächerlich zu machen.

Doch Sabine blieb hartnäckig. Ihr machte es so viel Spaß, mit ihren Kindern unterwegs zu sein und tolle Wochenenden zu verbringen, dass sie nicht bereit war, diese Idee aufzugeben. Sie stellte Fotoalben her, die sie in Schule und Kindergarten zeigte, sie trat einem sozialen Netzwerk bei, sie ließ sich ständig etwas Neues einfallen. Und schon nach einem halben Jahr lief das Geschäft gut an. Dann kam Sylvester. Und dieser eine Abend gab den Ausschlag. Anstatt wie sonst ihre Zeit mit den Eltern oder ein paar Freunden zu verbringen, entschied sie sich, eine Kinderparty zu veranstalten. Und sie war erstaunt, wie viele Eltern es gab, die froh waren, ihre Zwerge gut untergebracht zu wissen. Aber sie warf nicht einfach Pizzen in den Ofen und ließ Musik laufen, sie kreierte eine wundervolle Reise rund um die Welt - in einer Nacht und einer Dreizimmer-Wohnung.

Ist Sabine ein außergewöhnlicher Mensch? Wenn Sie sie fragen würden, würde sie rot werden und entrüstet abwinken. Doch ihre Augen würden lachen. Denn obwohl sie so „normal" ist wie jeder andere von uns, ist sie doch so besonders, wie jeder, der seinen eigenen Minipfad entlangläuft. Diese Minipfade sind schmal, gewunden und oft auch steinig. Manchmal ranken Dornengestrüppe über den Weg oder wir stolpern über Äste. Doch selbst, wenn wir fallen sollten, können wir in Ruhe wieder aufstehen, uns ausruhen, das gestoßene Knie verbinden und weitergehen. Oder humpeln. Oder einfach für eine Zeitlang stehen bleiben und zu Kräften kommen.

Dornen und Steine gibt es auf der Schnellspurstraße des Mainstreams nicht mehr. Hier ist alles gerade und platt und dellenlos. Was uns dort zum Straucheln bringt, ist der Ellenbogen des anderen, der voller Angst und Sorgen weder nach rechts noch nach links sieht, ist der gestellte Fuß eines griesgrämig neben uns herlaufenden Mitstreiters, der in uns eine potentielle Gefahr für seinen Job, sein Haus, seinen Partner oder sonstiger Wichtigkeiten sieht.

Fallen wir auf unserem Minipfad, ist in der Regel niemand da, der uns auffängt. Wir knallen auf die Erde und das tut manchmal weh. Doch wir können in Ruhe aufstehen und in unserem eigenen Tempo weitergehen. Wir können auch einfach einmal anhalten, uns auf einen Stein setzen und die Sonne genießen.

Fallen wir auf der Schnellspurstraße, werden wir von den anderen überrannt. Und da es so viele sind und der Strom niemals abreißt, kommen wir auch nur sehr schwer wieder auf die Füße, wenn überhaupt. Manchmal ist da eine helfende Hand, die uns hochzieht, manchmal ist da jemand, dem auffällt, dass wir dort liegen, den meisten jedoch ist es gleichgültig und sie trampeln über uns hinweg.

Ich persönlich habe für mich entschieden, mir lieber das Knie auf dem steinigen Weg meines Minipfades aufzuschlagen, als mich im Strom der Menschen über den Haufen rennen zu lassen. Und Sie, die das Buch bis hierher gelesen haben, dürften sich ebenso entschieden haben. Das gibt uns aber nicht das Recht, über die anderen zu urteilen. Jeder geht seinen Weg und jeder hat es in der Hand. Und Sie werden merken, dass der Ausbau Ihres eigenen Weges so viel Spaß macht, aber auch Zeit und Kraft in Anspruch nimmt, dass Sie schon sehr bald das Interesse am Mainstream verloren haben. Der rauscht weiter hinter Ihnen entlang, verursacht Lärm und Gestank, hat aber nichts mehr mit Ihnen zu tun. Setzen Sie sich auf einen Stein und genießen Sie die Sonne.

Aber da sich unsere Pfade gekreuzt haben, erlaube ich mir, Ihnen noch ein paar Tipps mit auf den Minipfad zu geben.

Sehen Sie sich noch einmal Ihre Zettel an der Wand an. Sie haben einen mit Ihrem Ideensammelsurium und einen mit einem konkreten Ziel, einer konkreten Idee. Auf dem Letzteren haben Sie sich und Ihr Ziel, Sie haben die Auflistung, was Sie an behördlichen Bedingungen erfüllen müssen, Sie haben einen Wunsch-Finanzplan und Ihren aktuellen Kontoauszug zur Ernüchterung. Sie wissen, ob Sie noch eine Aus- oder Fortbildung machen müssen und Sie haben sich gegen familiäre oder sonstige Schwierigkeiten gewappnet. Ihre Wohnung ist aufgeräumt, Ihr Kleiderschrank sortiert, Ihr Auto sieht nicht mehr aus wie eine Müllhalde.

Doch Ihr Verstand nörgelt noch immer und der smarte Typ „*Ablenkung*" kann es nicht lassen, Ihnen immer wieder seine Aktenmappe mit den tollen Angeboten unter die Nase zu reiben. Das Buchhaltungs-Dreamteam hat noch immer Schnappatmung und die Zicke mault.

Besänftigen wir also Ihre Mitarbeiter. Dem Buchhaltungs-Dreamteam versprechen Sie, keine Schulden zu machen. Das glaubt man Ihnen zwar nicht sofort, aber Sie übergeben jetzt gleich eine Arbeitsanweisung an Ihre Kreativabteilung, sich darum zu kümmern.

Memo an Kreativabteilung:

Bitte Idee kreieren, wie die Idee finanziell umgesetzt werden kann, ohne sich zu verschulden oder eine Bank ausrauben zu müssen.

Und nun, das kennen Sie ja schon, lassen Sie die Jungs in Ruhe arbeiten und warten Sie ab. In der Realität heißt das:

schreiben Sie alles auf, was Ihnen in den nächsten Stunden und Tagen dazu einfällt. Inzwischen ist Ihre Kreativabteilung derart gut eingespielt und so auf Lösungen fokussiert, es wird also nicht lange dauern, bis Sie von dort eine Antwort erhalten haben.

Den smarten Typ „*Ablenkung*" schicken Sie zurück in die Teeküche, den Schweinehund kann er auch gleich wieder mitnehmen. Apropos Schweinehund. Haben Sie sich das Tier in letzter Zeit einmal angesehen? Finden Sie nicht, dass er abgenommen hat? Die Bewegung auf dem Minipfad scheint dem fetten Vieh gut zu tun. Machen Sie weiter so!

Kommen wir zu Ihrem Verstand. Ok, dieser Mann ist wirklich eine harte Nuss. Aber versöhnen Sie sich mit ihm. Machen Sie ihm klar, dass es nur diese eine Idee gibt und Sie kein Scheitern zulassen werden. Ob er will oder nicht, er muss mit. Und da es ist, wie es ist, kann er gleich anfangen, Lösungen zu finden. Er denkt, dass diese Idee unrealistisch ist, weil sie sich nicht mit Ihrem Budget oder Lebensumständen oder sonstigen Dinge vereinbaren lässt? Ok, möglicherweise hat er Recht. Aber dann soll er doch bitte seinen entzückenden Hintern in Bewegung setzen und dafür eine Lösung finden. Ihr „Ich-Unternehmen" hat sich dieser Idee verschrieben, und Sie als Boss haben sich Ihren Chefsessel zurückerobert. Nörgeln war gestern, heute geht es um lösungsorientiertes Arbeiten.

In Sabines Fall hat der Verstand moniert, dass ihre Kinder zu klein, bzw. schulpflichtig sind und sie deshalb nicht um die Welt jetten kann. Gut, er hatte Recht. Aber er wurde von ihr so lange „in den Hintern getreten" und herausgefordert, bis er nachgegeben und sich mit ihrer Kreativabteilung zusammengesetzt hat. Heute würde Sabines Verstand sein früheres Zögern und Nörgeln natürlich dementieren. Er würde sagen, dass es Hindernisse zu bewältigen gab, er aber nie den kleinsten Zweifel an seinen Fähigkeiten hatte. Sabine geht heute lächelnd darüber hinweg, weiß aber genau, dass Ihr Mitarbeiter bei der nächsten „dummen Idee“ aus der Kreativabteilung deutlich zurückhaltender und kooperativer sein wird.

Auch unser Verstand lernt. Und je öfter wir alle unsere Mitarbeiter einsetzen, desto besser arbeiten sie zusammen und agieren als Team. Die meisten von uns sind „verkopft“ und das Wenige, was wir als „Bauchgefühl“ zulassen, ist entweder Hunger oder unser Magengeschwür. Intuition oder inneres Wissen ist bei den meisten Menschen vollkommen ausgeblendet. Aber damit berauben wir uns selbst einer der größten Wegweiser, die wir für unsere Reise auf diesem Planeten mitbekommen haben.

Konkrete Zielumsetzung:

Nun müssen Sie Farbe bekennen und loslegen.

Überprüfen Sie dazu bitte, ob das Ziel noch immer Ihr Herz höher schlagen lässt – ganz gleich, ob Sie vor dem folgenden Schritt nun Angst haben oder nicht. Ist das Ziel das, was Sie morgens aus dem Bett treibt? Wenn nicht, fangen Sie bitte noch einmal von vorne an. Räumen Sie alle Zettel weg, schlagen Sie dieses Buch neu auf und fangen mit Seite 1 wieder an. Es gibt kaum eine verschwendetere Energie, als die, die man in Halbherzigkeiten steckt.

Aber ich bin optimistisch und gehe davon aus, dass Sie Ihr Ziel – mehr oder weniger – fest im Fokus haben. Nun ist der richtige Augenblick gekommen, Ihren Sammelsurium-Zettel abzunehmen. Werfen Sie ihn nicht weg, vielleicht brauchen Sie zwischendurch noch einmal eine Anregung. Statt seiner kommt ein neuer Zettel an die Wand. Oben Ihr Ziel, unten Ihr Name, das kennen Sie ja schon. Nun sortieren Sie bitte Ihren „alten“ Zielzettel nach Prioritäten. Wenn Sie für Ihre Zielumsetzung eine Aus- oder Fortbildung machen müssen, dann kommt dieser Punkt auf der Linie direkt über Ihren Namen. Da diese Aus- oder

Fortbildung eine Grundvoraussetzung ist, müssen Sie diesen Punkt zunächst abarbeiten.

Benötigen Sie für Ihre Ideenumsetzung ein Büro oder einen Laden, dann durchforsten Sie die Immobilienangebote Ihres bevorzugten Standortes. Achten Sie zunächst nicht darauf, ob Sie es sich würden leisten können, fokussieren Sie sich erst einmal auf das grundsätzliche Angebot.

Wenn Sie eine neue Anstellung haben wollen oder überhaupt erst einmal wieder Arbeit finden möchten, dann bringen Sie zunächst Ihren Schreibtisch auf Vordermann, sortieren Sie Ihre Papiere und aktualisieren Sie Ihren Lebenslauf. Bereiten Sie diese Unterlagen akribisch vor. Bemühen Sie das Internet, es gibt inzwischen für alle Bereich Vorlagen und Tipps, wie man einen vernünftigen Lebenslauf schreibt. Denken Sie daran: Ihre Unterlagen sind das erste, was Ihr neuer Chef von Ihnen zu sehen bekommt. Es ist eine Art Visitenkarte – und diese muss so überzeugend sein, dass Sie zu einem Gespräch eingeladen werden. Machen Sie aktuelle Fotos – nachdem Sie beim Friseur waren. Wenn Ihnen die finanziellen Mittel dazu fehlen, dann stellen Sie beim Arbeitsamt einen Antrag. In der Regel gibt es einen Zuschuss oder es wird ein bestimmtes Budget gezahlt. Nehmen Sie diese finanzielle Hilfe in Anspruch! Da Sie dabei sind, sich „selbständig“ zu machen, und damit meine ich „selbständig“ in Form von „selbsttätig“, muss Ihnen diese Unterstützung nicht peinlich sein. Sie benötigen nur eine kleine Finanzspritze, die Ihnen ermöglicht, Ihren Weg zukünftig ohne staatliche Hilfe zu gehen. Sie wollen sich nicht auf den Schultern der Allgemeinheit ausruhen, sondern schon sehr bald für sich selbst sorgen können. Und genau dafür sind diese Mittel da. Nutzen Sie sie!

Lassen Sie uns die Punkte im Einzelnen durchgehen: Sie habe sich für die Bäckerei entschieden. Nun heißt es, herauszufinden, welche Bedingungen Sie erfüllen müssen. Kommen Sie aus dem Fachbereich, haben Sie die erste große Hürde hinter sich gebracht, doch vielleicht benötigen Sie noch eine Auffrischung oder eine Spezialisierung. Wenn Sie noch nie in einer Backstube gestanden haben, dann müssen Sie sich entweder mit jemandem zusammentun, der diesen Beruf ausüben darf, oder Sie müssen die Ausbildung machen.

Als nächstes prüfen Sie, welche Gelder Sie benötigen werden. Wollen Sie einen Laden mieten oder kaufen – oder möchten Sie als Partner irgendwo mit einsteigen? Notieren Sie auch all die Ausgaben, die Sie für Ihr alltägliches Leben benötigen (Miete, Darlehensraten, Lebensmittel, Versicherungen, Telefon usw.). Ferner kommen Kosten auf Sie zu, die Sie vielleicht im Moment nicht bedenken. Da wären die Krankenkassenbeiträge, Steuern und Versicherungen, Beiträge für Berufsgenossenschaft und Handwerkskammer usw..

Deshalb ist das Finden eines souveränen Steuerberaters unerlässlich. Fragen Sie in Ihrem Bekanntenkreis herum, forschen Sie im Internet. Es sollte jemand sein, der a) den Bereich Ihres zukünftigen Unternehmens kennt, in diesem Falle das Bäckereihandwerk, und b) finanzierbar ist. Es ist unglaublich, wie viel Geld ein kleines Unternehmen für Steuern und Steuerberater ausgeben muss. Kalkulieren Sie dies auf jeden Fall mit ein. Selbst unsere Minipfade sind Teil dieses „Straßennetzes“, auf das der Staat einen unerbittlichen Zugriff hat. Lassen Sie sich, bevor Sie wirklich konkret und aktiv werden, d.h., irgendwelche Verträge unterschreiben, auf jeden Fall beraten! Denn trotz „eigene Wege gehen“ und bei aller Kreativität soll Ihre Idee Sie finanziell nicht ruinieren.

Ihre Ideenumsetzung wird immer konkreter. Als nächstes müssen Sie sich also überlegen, was Sie denn anbieten werden in der 48. Bäckerei Ihres Viertels. Wenn Sie meinen Aufforderungen gefolgt sind, haben Sie in den vergangenen Tagen und Wochen Brot und Brötchen aller Mitbewerber probiert und kennen die Angebote und Preise gut. Was also sind Ihre Ideen? Womit wollen Sie auffallen, was unterscheidet Sie von all den anderen? Und wie wird Ihre

Werbung aussehen? Werden Sie so konkret wie möglich. Im Internet gibt es inzwischen diverse Druckereien für Werbemittel, die durchaus finanzierbare Produkte anbieten. Setzen Sie sich einen Abend hin und probieren Sie unterschiedliche Designs aus. Oder haben Sie sogar jemanden im Bekanntenkreis, der aus der Branche kommt? Bedenken Sie: Sie wollen auffallen, Sie wollen dem zukünftigen Kunden mitteilen, dass Sie mehr als Einheits-Aufbackbrötchen und Allerweltsbrot anzubieten haben. Arrondieren Sie die Umgebung. Liegt der von Ihnen angestrebte Laden auf einem Schulweg? Können Sie vielleicht Schulbrote anbieten? Dann benötigen Sie entsprechende Werbung für Schulen und Eltern im Umkreis. Je genauer Sie Ihre Umgebung kennen, desto leichter wird es Ihnen fallen, Alternativen anbieten zu können und Ihre Idee umzusetzen.

Wenn Sie nicht schon längst einen Laden im Visier haben (und davon gehe ich aus), dann ist jetzt der Zeitpunkt gekommen, auf Immobiliensuche zu gehen. Und auch hier heißt es: Schauen Sie sich erst einmal grundsätzlich alles an, ganz gleich, wie teuer es Ihnen erscheinen mag. Manchmal ist eine höhere Ladenmiete in einer interessanten Gegend leichter zu verdienen, als eine kleine in einer unbedeutenden Sackgasse im Industriegebiet. Andererseits reicht eine günstige Immobilie absolut aus, wenn Sie sowieso von Auslieferungen und Internetverkäufen leben. Überlegen Sie sich genau, was Sie wem anbieten wollen – und wo diese zukünftigen potenziellen Kunden zu finden sind.

Der nächste Punkt ist der mit dem meisten Stress-Potenzial. Alles andere haben wir weitestgehend selbst im Griff, können etwas tun oder verändern, uns mehr anstrengen oder um Rat fragen. Doch was das Thema „Geld“ angeht, sind wir unseren Banken in der Regel ziemlich ausgeliefert. Wenn Sie also einen Kredit benötigen, um Ihre Idee zu starten, dann haben Sie entweder einen guten Draht zu Ihrer Bank, einen Partner, der genug verdient

UND Glück – oder Sie bauen sich auch hier einen eigenen Minipfad. Wenn wir bei Ihrer Ideenumsetzung von einigen hundert oder auch tausend Euro sprechen, dann ist es wahrscheinlich, dass Sie sich dies in Ihrem privaten Umfeld leihen können. Doch schon ab einer fünfstelligen Summe wird es schwierig. Und nun hilft nur noch Kreativität.

Aber Stopp! Fallen Sie nicht auf dubiose Finanzmakler oder Kreditgeber herein, die in Anzeigen oder im Internet mit den unglaublichsten Angeboten werben. Lassen Sie besser die Finger davon!

Überlegen Sie sich stattdessen genau, was an Geldern Sie wofür wirklich benötigen. Können Sie sich diese Anschaffungen auch anderweitig besorgen (nein, Sie werden Sie nicht klauen ☺ !)? Können Sie sich diese Dinge leihen, leasen oder über das Unternehmen direkt finanzieren lassen? Machen Sie sich schlau, fragen Sie nach, halten Sie die Augen offen. Es gibt genug Unternehmen, die aufgeben. Vielleicht können Sie die Dinge gebraucht kaufen oder anderweitig übernehmen. Denken Sie immer daran: Sie werden Ihr Ziel erreichen, Sie werden Ihre Idee umsetzen. Also gibt es auch einen Weg zur Lösung. Lassen Sie sich nicht einreden, dass es immer nach dem gehen muss, was die Norm vorgibt. Die unmöglichsten Dinge sind realisierbar, wenn man über den Tellerrand hinaus denkt.

Sie wollen Ihre 48. Bäckerei und haben kein Geld? Dann ist das zwar ein Großauftrag für Ihre Kreativabteilung, aber was soll´s? Das Trio ist gut, es wird eine Lösung finden! Wenn Sie allerdings auf dem Sofa sitzen bleiben, dann wird das nichts. Sie müssen sich bewegen, aktiv werden, Zeitungen und das Internet durchforsten, die Augen offen halten, mit den Menschen reden. Vielleicht gibt es in Ihrem Umfeld jemanden, den Sie als stillen Teilhaber mit ins Boot nehmen können. Vielleicht findet z.B. Ihr Onkel es ganz spannend und lässt sich begeistern. Viele Menschen hängen sich gern an jemanden, der vorweg läuft und den Löwenteil der Arbeit übernimmt. Und wenn er Ihnen dafür etwas Geld zur Verfügung stellt, dann haben beide etwas davon: Sie bekommen Ihr Inventar und Ihr Onkel darf sich „Teilhaber der 48. Bäckerei“ nennen.

Gehen Sie alle Möglichkeiten durch, es gibt eine Lösung, seien Sie sich da ganz sicher. Probleme bringen ihre Lösungen immer gleich mit, sie sind sozusagen wie der „Joghurt mit der Ecke“. Wir können uns allerdings entscheiden, nur den Joghurt zu essen. Nichts desto trotz sind die Früchte oder Rosinen da, Sie müssten sie nur nutzen.

Zurück zu Ihrer 48. Bäckerei. Ihre Chance wird sich bieten. Und dann dürfen Sie nicht kneifen, sondern müssen zupacken. Sie haben darauf gewartet, haben Ihrer Kreativabteilung den Auftrag erteilt, nun ist der Moment gekommen, Ihre Chance ist da. Aber wenn Sie dann da ist, müssen Sie endgültig von dem bequemen Sofa runter und loslegen. Chancen kommen zwar immer wieder, doch Sie wollen ja jetzt beginnen und nicht in zwei Jahren.

Nun haben Sie also Ihr Inventar zusammen. Sie haben es sich geliehen, günstig gekauft, geleast oder übernommen. Ihre Immobilie haben Sie, Ideen und Werbemaßnamen sind zu Papier gebracht und das Areal sondiert. Ihr Steuerberater ist vielleicht nicht begeistert, aber informiert, er wird mit der Zeit lernen, dass Sie schon bald schwarze Zahlen schreiben werden und Ihr Unternehmen leiten können. Bevor Sie aber nun die letzten Behördengänge erledigen, halten Sie noch einmal kurz inne. Haben Sie wirklich an alles gedacht? Oder sollten Sie vielleicht doch noch schnell einen kaufmännischen Auffrischungskurs belegen? Oder sonst etwas erledigen, zu dem Sie nach der Eröffnung vorerst nicht mehr kommen werden? Lassen Sie sich Zeit, es kommt auf ein paar Tage nicht an. Gehen Sie noch einmal achtsam und mit offenen Augen durch Ihren Laden, lesen Sie sich all Ihre Zettel noch einmal durch. Wenn Ihnen dabei neue Ideen kommen, ist das gut, doch setzen Sie sie nicht gleich um. Machen Sie einen Schritt nach dem anderen, aber seien Sie sich ganz sicher, dass Sie nicht etwas übersehen haben.

Und dann, wenn Ihnen zu dem Außen nichts mehr einfällt, dann berufen Sie ein Mitarbeitermeeting Ihres „Ich-Unternehmens“ ein. Dafür suchen Sie sich den ruhigsten Platz, den Sie finden können, und schließen die Augen. Sehen Sie sich an dem runden Tisch Ihres Konferenzzimmers sitzen, umgeben von Ihren Mitarbeitern. Da sitzen die Zicke „*Entscheidung*“, die Vorzimmerdame „*Erfahrung*“, der smarte Typen „*Ablenkung*“, Herrn Verstand, Ihr inneres Kind, der Pförtner „*Wahrnehmung*“ samt deutlich abgemagertem inneren Schweinehund, das Buchhaltungs-Dreamteam und das Trio aus der Kreativ-Abteilung. Noch vor wenigen Wochen waren sie ein Haufen zerstrittener, übelgelaunter und herrschsüchtiger Personen, die das Zepter Ihres „Ich-Unternehmens“ fest in der Hand hatten. Nun haben Sie sich den Chefsessel zurückerobert und die Verantwortung (wieder) übernommen. Man hört Ihnen zu. Und das sollten Sie nutzen.

Auch wenn es sich für Sie zunächst albern oder unsinnig anhört, spielen Sie dieses Spiel bitte mit. Denn nun sollen Sie Ihre Mitarbeiter auf die zukünftige Arbeit einschießen. Erklären Sie ihnen genau, was ab sofort Sinn und Ziel Ihres Unternehmens ist. In unserem Beispiel ist es die 48. Bäckerei. Alles dreht sich ab sofort darum, diesen Betrieb erfolgreich zu führen. Und jeder Ihrer werten Mitarbeiter hat einen wichtigen Part zu erfüllen.

Sie sehen, wie sich die Laune Ihrer Mitarbeiter deutlich verbessert. Sie alle hatten nämlich befürchtet, dass sie ab sofort abgeschrieben sind und nur noch langweiliges Zeug erledigen dürfen. Aber nun merken sie, dass sie ein wichtiger Teil Ihres Unternehmens bleiben und fortan sogar anspruchsvolle Aufgaben zu erledigen haben.

Stellen Sie sich die Situation so genau wie möglich vor: Sie bitten Herrn Verstand, ab sofort zielorientiert zu denken und mögliche Gefahren sowohl für Ihr „Ich-Unternehmen“ als auch für die 48. Bäckerei so früh wie möglich zu erkennen. Herr Verstand ist begeistert. Zwei Unternehmen – und er darf, nein, er soll für beide denken. Seine Zeit der Langeweile und öden Tage ist vorbei.

Das Buchhaltungs-Dreamteam bekommt die Anweisung, rote Zahlen oder fällige Zahlungen im Blick zu behalten, aber nicht gleich das Zetern anzufangen, sobald irgendwo etwas Geld fehlt. Es kommt an anderer Stelle wieder herein – und dafür ist die Kreativabteilung zuständig. Diese drei Jungs sind sowieso seit Wochen ununterbrochen am Arbeiten und nehmen die Herausforderung gern an, zukünftig für jedes Problem eine Lösung zu erarbeiten.

Noch immer wird das Trio von den anderen skeptisch beobachtet, doch Ihnen fällt auf, dass zumindest schon einmal mit den dreien gesprochen wird. Ja, die Zicke „Entscheidung“ scherzt sogar mit ihnen – und das sollten Sie als gutes Omen sehen.

Ihre Vorzimmerdame ist allerdings weniger gut aufgelegt. In ihren Regalen türmen sich die Ordner mit all den schlechten Erfahrungen und Hindernissen, mit denen Sie es bisher zu tun hatten, und sie kann sich nicht damit abfinden, dass all dies nun der Vergangenheit angehören soll. Seien Sie großzügig. Wer so viel Mist auf den Tisch bekommen hat, darf schon einmal verbittert sein. Versprechen Sie ihr, dass sie die Ordner behalten darf. Ja, sie darf Sie Ihnen sogar hin und wieder einmal vorlegen. Es schadet nicht, wenn man sich immer einmal wieder daran erinnert, dass es auch die bösen Zeiten gab. Nur darin verweilen sollte man nicht. Und wer weiß, vielleicht ist eine dieser „bösen Geschichten“ aus Ihrer Vergangenheit einmal der Startschuss für eine weitere gute Idee. Lassen Sie deshalb immer einmal wieder Erinnerungen an die nicht so tollen Zeiten in Ihrem Leben zu. Erstens sagen sie Ihnen, dass Sie es damals überlebt haben, und zweitens sind Sie heute ein ganzes Stück weiter gekommen. Die „alten Geschichten" können Ihnen heute wenig oder gar nichts mehr antun.

Den Pförtner „Wahrnehmung" instruieren Sie, dass er zukünftig Besucher wie *„gute Ideen"*, *„hilfreiche Kontakte"* und *„Spiel, Spaß und Spannung"* besonders zuvorkommend behandelt und sie auf dem direkten Weg zu Ihnen nach oben schickt. Kunden wie *„Angst"*, *„Frust"* und *„Selbstzweifel"* hingegen kann er wieder fortschicken. Das wird er zwar nur unter Protest und auch immer einmal wieder nicht tun, doch das ist ein guter Zeitpunkt, den „Big-Boss" zu mimen und mit der Faust auf den Tisch zu schlagen.

Dem sowieso schon ziemlich abgemagerten inneren Schweinehund verordnen Sie bitte reines Diät-Erhaltungsfutter. Er darf sich in der Firma aufhalten, doch er bekommt einen Hundekorb und muss vom Sofa runter. Und teilen Sie allen mit, dass, sollten Sie noch ein einziges Mal über dieses Tier stolpern, es an die kurze Kette kommt.

(Allen Hundefreunden unter den Lesern sei gesagt: Ich bin ein Hundenarr und nur mit inneren Schweinehunden so rigoros und unerbittlich ☺ !)

Und nun sehen Sie sich Ihr inneres Kind einmal genau an. Es hat noch immer eine Träne in den Augenwinkeln, aber zumindest beteiligt es sich an den Gesprächen. Doch es ist einsam und fühlt sich vollkommen fehl am Platze. Was also können Sie tun, um es ihm leichter zu machen?

Zunächst ordnen Sie einmal an, dass die Wand zwischen der Kreativabteilung und dem Zimmer des inneren Kindes niedergerissen wird. Ihr inneres Kind liebt es, in Kartons und Schachteln zu stöbern, bunte Bänder aufzuhängen und Traumbilder zu malen. Nehmen Sie auch die Tür zum Flur heraus und erlauben Sie ihm, sich vollkommen frei in Ihrem „Ich-Unternehmen" – und damit auch in Ihrer umgesetzten Idee – bewegen zu dürfen. Ja, es darf auch Bilder aufhängen und Ihre inneren Zimmer mit Blumen und Bändern dekorieren. Im Außen bedeutete das: bekennen Sie Farbe.

Machen Sie es sich schön, holen Sie sich Farben und Leichtigkeit ins Haus, machen Sie auch mal „verrückte“ Dinge. Wissen Sie, was „verrückt“ bedeutet? Es bedeutet, ver-rückt worden zu sein, weggerückt, von seinem angestammten Platz gerückt. Aber was ist der „angestammte Platz“? Wer beurteilt das oder legt es fest?

Wenn Sie also „verrückte“ Dinge tun, dann tun Sie Dinge, die nicht irgendeiner Norm entsprechen. Und da Sie sowieso auf Ihrem Minipfad unterwegs sind, werden Sie eh immer wieder über vom Mainstream an die Seite oder über die Kante gedrängte (also „ver-rückte“) Dinge stolpern – dann können Sie ebenso gut Spaß daran haben. So ungewöhnlich es Ihnen auch vorkommen mag; machen Sie aus Ihrem Leben ein Fest mit bunten Blumen und Bändern und Farben und Licht und ….!

Memo an Kreativabteilung:

Bitte Ideen zur Bespaßung des inneren Kindes entwickeln!

Das innere Kind wird dem Trio mit Freuden helfen und zukünftig fröhlich und frei durch Ihr Unternehmen hüpfen.

Nachdem nun alle ihre Aufgaben haben, gehen Sie noch einen Schritt weiter. Sowohl Ihr „Ich-Unternehmen“, als auch Ihre umgesetzte Idee brauchen die Mitarbeiter Ihrer inneren Chefetage. Und nur, wenn alle zusammenarbeiten, wenn sie sich verknüpfen, dann ziehen wirklich alle an einem Strang. Um sich das auch zu verinnerlichen, stellen Sie sich vor, wie sich alle Mitarbeiter gegenseitig die Hände schütteln. Ja, auch die Zicke „Entscheidung“ wird eines Tages zu einem fröhlichen Menschen mutieren, Sie müssen Ihr nur ein wenig Zeit und hin und wieder eine **Mit-**Entscheidungsgelegenheit geben. Aber Vorsicht: Sie wissen ja inzwischen, wie schnell die Dame über das Ziel hinaus schießt. Seien Sie also wachsam und bestehen Sie darauf, dass nur Sie allein bestimmen, wann welche Entscheidung getroffen wird.

Bleiben Sie bei dem Bild: Stellen Sie sich vor, wie sich alle Mitarbeiter die Hände reichen. Das mag Ihnen albern vorkommen, doch wieder tut sich etwas in Ihrem Unterbewusstsein. Mit einem Male entsteht ein „Miteinander", eine Einheit. Und selbst, wenn Sie in Ihrem Außen, in Ihrer Realität ganz allein dastehen und Ihnen niemand helfen will, können Sie mit diesem Bild das Gefühl heraufbeschwören, ein starkes Team an Ihrer Seite zu haben.

Und dann gehen Sie als geschlossene Gruppe eine Etage tiefer und sprechen mit Ihren Arbeitern. Diese werden zunächst auch erst einmal verwundert bis skeptisch reagieren, war sich die Chefetage doch noch nie wirklich einig. Umso klarer müssen Sie nun agieren. Ihre Arbeiter bekommen einen klaren Auftrag, eine unmissverständlich formulierte Anweisung. Nun, da Verstand, Entscheidung, und die Finanzen zusammenarbeiten, der Pförtner Wahrnehmung zukünftig deutlich mehr Kunden zu Ihnen auf die Chefetage lässt und sich auch Ihre Vorzimmerdame „Erfahrung" an die vereinbarten Spielregeln hält, gibt es für Ihre Arbeiter keinen Grund mehr, sich auf dem bisher gewohnten Durcheinander auf der Chefetage auszuruhen. Nun arbeiten alle an einem Strang und jeder hat das von Ihnen bestimmte Ziel vor Augen.

Für das Außen bedeutet das: Ihr gesamtes Handeln, Ihr Denken und Ihr Fühlen ist ausgerichtet auf Ihre 48. Bäckerei des Viertels. Was immer Sie tun, es muss zu dieser Idee passen. Was immer Sie denken, es muss konform gehen mit Ihrem Unternehmen. Jede Ihrer Entscheidungen muss in Ruhe überlegt, ohne Hast gefällt und dann mit aller Entschiedenheit getroffen werden. Geben Sie nie wieder Ihr Zepter aus der Hand oder überlassen Sie Ihren Mitarbeitern die Chefetage.

Was Sie tun müssen, wenn Sie trotzdem in ein schwarzes Loch rutschen, erfahren Sie im dritten Teil des Buches.

Dann ist der große Moment da, was immer Sie als Idee hatten, heute wird Sie auch im Außen umgesetzt.

Nun halten Sie noch einmal kurz inne. Vor wenigen Wochen (oder vielleicht auch Monaten) haben Sie dieses Buch in die Hand genommen und haben begonnen, Ihren eigenen Minipfad zu bauen. Der Weg war sicher nicht immer leicht, nur allzu oft sind Sie Ihren etwas zu selbständig gewordenen Mitarbeitern der Chefetage in die Falle getappt. Sie haben sich ablenken lassen, haben Entscheidungen emotional, in Hast oder unachtsam getroffen, dafür aber nicht auf die Kreativabteilung gehört. Ihrem Herrn Verstand waren Sie mehr als einmal unterlegen und das innere Kind saß zeitweise vor Enttäuschung weinend in seinem Zimmer. Aber Sie haben es geschafft. Was Ihnen vor Wochen noch völlig unrealistisch erschien, ist nun Wirklichkeit geworden. Sie haben das Unmögliche möglich gemacht und Ihre „48. Bäckerei im Viertel" realisiert. Allein für diese Tatsache verdienen Sie einen Orden – und das meine ich ganz ehrlich. Sehen Sie sich doch einmal um. Die Menschen rennen und jagen und hetzen. „Geld" ist das Thema Nummer 1 – gleich gefolgt vom Thema „Gesundheit". „Geiz ist geil", Urlaub auf Pump, Lebensmittelskandale im Wochenrhythmus und Finanzkrisen an allen Ecken und Kanten. Der Mainstream rollt mit 160 km/h direkt auf eine Betonwand zu.

Aber Sie, Sie „kleines Licht", belächelt oder mit fassungslosem Kopfschütteln bedacht, haben sich abgesetzt. Sie machen nicht mehr mit, sind ausgestiegen, ohne dafür auf eine einsame Insel ausgewandert zu sein. Sie denken und entscheiden selbständig, Sie sind eigenverantwortlich, kurz – Sie sind für den Einheitssalat nicht mehr zugänglich. Das muss nun nicht bedeuten, dass Sie wie ein bunter Hund durchs Leben laufen und zum allgemeinen Außenseiter werden. Ein Fernsehabend bei Wein und einer Tüte Erdnüsse kann Wunder wirken, wenn Sie sich erschöpft fühlen oder sich einfach eine Auszeit gönnen wollen. Aber im Laufe Ihres Minipfad-Ausbaus werden Sie bemerken, dass Sie nicht mehr für alles einen Sinn haben. Fernsehsendungen, die Sie früher vielleicht gern gesehen oder zumindest lächelnd ertragen haben, werden zunehmend unerträglicher. Das Lesen einer gängigen Tageszeitung war früher ein geliebtes Morgenritual. Schon bald könnte es sein, dass Ihnen dies nun beinahe wie Körperverletzung vorkommt. Wichtig ist nicht, was Sie tun, sondern, dass Sie sich dafür achtsam entscheiden. Nicht die (ehemalige) Zicke auf dem Flur trifft die Entscheidungen, sondern Sie! Wenn Ihnen also die Morgenzeitung, mit einem Becher Kaffee getrunken, den Start in den Tag versüßt, dann bleiben Sie bei Ihrem Ritual. Aber entscheiden Sie – und lassen Sie nicht die Gewohnheit entscheiden.

Wir müssen nun nicht alle gleich zu erklärten Anhängern der Oper werden. Aber ein wenig Veränderung, was unsere Freizeitgestaltung angeht, erweitert den Horizont. Tun Sie einfach einmal Dinge, die Sie noch nie vorher getan haben. Sie waren noch nie bei einem Fußballspiel? Dann gehen Sie hin! Sie sind Operetten bisher erfolgreich aus dem Weg gegangen? Kaufen Sie sich für die nächste Aufführung eine Karte! Ganz gleich, was Ihnen an Dingen einfällt, die Sie noch nie gemacht haben und auch bisher nie tun wollten – ändern Sie Ihre Einstellung. Vielleicht werden Sie am Tag nach dem Operetten-Besuch feststellen, dass Sie bei Ihrer Aversion gegenüber dieser Art von Freizeitgestaltung bleiben. Das ist ok so und Sie brauchen sich nicht zu rechtfertigen. Doch nun haben Sie eine reale Erinnerung daran und nicht nur eine Ihnen durch Ihr Umfeld auferlegte Meinung. Vielleicht aber werden Sie auch zum Operetten-Liebhaber. Oder zum erklärten Fan eines Fußball-Vereins. Wer weiß das schon? Denken Sie daran, wie sich Ihr Horizont mit jeder neuen Erfahrung erweitert. Sie lernen neue Menschen, lernen andere Sichtweisen und Einstellungen kennen.

Sie sehen schon; eine Idee zu bekommen und diese dann auch umzusetzen, kann jeden Bereich Ihres Lebens verändern. Und der Respekt all derer, die ebenfalls auf ihrem eigenen Minipfad entlanglaufen, ist Ihnen sicher. Warum? Weil jeder Besitzer eines eigenen Minipfades genau weiß, wie viel Mut und Arbeit, Konsequenz und Durchhaltevermögen nötig sind, um seinen Pfad zu einem belastbaren Weg auszubauen. Weil jeder Minipfad-Besitzer täglich an seinem Weg bastelt und nachvollziehen kann, dass es Ihnen nicht anders geht. Minipfad-Besitzer nehmen sich in der Regel wenig Zeit für hirnaufweichende Massenhypnose, wie sie jeden Tag z.B. im Fernsehen stattfindet. Stattdessen sind sie ständig damit beschäftigt, neue Ideen für ihr „Ideen-Mutterschiff" zu kreieren, sich mit Familie oder Freunden zu treffen – oder suchen die Stille, um aufzutanken und sich mit den inneren Mitarbeitern zu auszutauschen.

Und Sie gehören ab jetzt dazu. Ganz gleich, ob Sie mit Ihrer Idee ein Unternehmens-Imperium aufbauen oder Ihre Talente im sozialen Ehrenamt ausleben, Sie gehen Ihren ganz eigenen, individuellen Weg. Sie gehen Ihren Minipfad.

Und nun ist er also da, der große Tag X. Sie eröffnen Ihr Geschäft, fangen in einem Unternehmen an, sind ein fester Bestandteil eines karitativen Verbandes oder beginnen mit sonst einer Idee. In jedem Fall ist es ein besonderer Tag. Und ganz gleich, ob Sie mit Ihrer Idee die Welt oder einfach „nur" Ihr Leben verändern – beginnen Sie diesen Tag in aller Ruhe und mit einem besonderen Frühstück. Lassen Sie sich Zeit, zur Not stehen Sie eben etwas früher auf, die Aufregung wird Sie wahrscheinlich sowieso nicht lange schlafen lassen. Und lassen Sie diesen Satz auf sich wirken, sagen Sie ihn sich immer wieder vor:

„Sie haben es geschafft!"

Ganz gleich, ob Sie sich nun selbständig gemacht oder eine Anstellung in Ihrem Traumberuf gefunden haben; es ist Ihr Verdienst. Es ist vollkommen gleichgültig, ob Sie sich sozial engagieren oder eine sonstige Idee umsetzen: Sie haben den Weg vorbereitet und Sie haben sich Ihr „Ich-Unternehmen" zurückerobert. Was immer in den nächsten Monaten und Jahren passieren wird, an diesen Tag dürfen Sie sich immer gern erinnern. Und welche Stolpersteine das Leben noch zu bieten haben wird; Sie wissen nun, wie Sie Ihren Minipfad ausbauen können.

Denken Sie an die Zeit, als Sie das Buch das erste Mal aufgeschlagen haben. Wie haben Sie sich gefühlt? Und wie fühlen Sie sich heute? Diese Entwicklung haben Sie in Gang gebracht. Das Buch hat vielleicht Hinweise gegeben und durch meine Texte habe ich Ihnen hin und wieder dezent in den Hintern getreten, doch gegangen sind Sie Ihren Pfad. Und Sie werden ihn weitergehen, davon bin ich überzeugt. Warum? Weil es süchtig macht, eigene Entscheidungen zu treffen. Wir alle leben als Gemeinschaft zusammen, wir alle müssen Rücksicht auf andere nehmen. Doch es macht eben einen riesigen Unterschied, ob ich mich durch den Druck der Masse durch mein Leben schieben lasse oder selbst entscheide, was für mich gut ist.

Was mich zu einem weiteren Punkt bringt: die Selbstverantwortung. Diese hat nämlich einen Haken. Einmal übernommen, können wir nämlich niemandem mehr die Schuld für etwas in die Schuhe schieben. Wenn wir verschlafen, war es nicht der Wecker, der Schuld hatte. Wenn wir uns durch Funk und Fernsehen berieseln lassen, dann ist nicht der Fernsehsender schuld. Wir haben einfach unseren smarten Mitarbeiter „*Ablenkung*" nicht im Griff. Wenn wir uns überschulden, nicht in Gang kommen, die Zeit vertrödeln, ineffizient arbeiten oder uns leid tun, dann sind nicht Partner, Staat, System oder Gott schuld. *Wir* lassen es zu. Und damit tragen *wir* die Verantwortung. Aber damit können *wir* es auch ändern. In dem Moment aber, in dem ich meinen Chefsessel verlasse, das Zepter aus der Hand lege, wird mein „Ich-Unternehmen" von anderen geschluckt. In der Außenwelt nennt man so etwas „Fusion", im Innenleben heißt das „Fremdbestimmung". Das Resultat ist dasselbe. Und es ist traurig. Lassen Sie es also bitte nicht zu. Bleiben Sie Chef, ganz gleich, was auch passiert. Ihre inneren Mitarbeiter wären todunglücklich, wenn sie für einen anderen Boss arbeiten müssten. Und gerade Ihr inneres Kind und die Kreativ-Abteilung sind in höchstem Maße loyal, sie gewöhnen sich nicht an andere Chefs. Aber auch Herr Verstand ist ein äußerst unternehmenstreuer Zeitgenosse. Er lässt sich nur höchst ungern von dem „Herrn Verstand" eines anderen Menschen etwas sagen. Bleiben Sie Ihrem „Ich-Unternehmen" treu, bleiben Sie sich selbst treu!

Teil 3 - Trouble-Shooting

Was ist, wenn …?

Szenario 1 :

Die Grundidee, die Sie morgens aus dem Bett treibende Kraft, will sich einfach nicht zeigen.

Lösungsansatz:

Hier gibt es zwei Möglichkeiten (und ich gehe davon aus, dass Sie meinen Ausführungen bis hierher auch tatsächlich gefolgt und Verstand und Pförtner wirklich im Urlaub sind):

Möglichkeit 1: Sie denken zu eng. Ihre Gedanken kreisen in viel zu engen Rahmen und jeder zweite Gedanke ist „Und wovon soll ich das bezahlen?“. Nehmen Sie sich Zeit und suchen Sie die Stille. Wenn nebenbei der Fernseher läuft und die Kinder schreien, Sie die Bügelwäsche anguckt und sich auf dem Tisch die offenen Rechnungen türmen, traut sich keine neue Idee bis auf Ihre Chefetage vor. Räumen Sie all die unangenehmen Sachen weg, schalten Sie den Fernseher aus und suchen Sie die Kreativ-Abteilung Ihres „Ich-Unternehmens“ auf. Wenn Ihnen die Vorstellung hilft, haben Sie gerade einen kleinen Lottogewinn ausgezahlt bekommen. Dieses Geld reicht für 12 Monate Miete, Strom, Versicherungen und Essen. Ein Jahr lang brauchen Sie sich keine finanziellen Sorgen zu machen. Und nun horchen Sie in sich hinein. Wie würden Sie dieses Jahr nutzen? Was würden Sie tun wollen? Welche Ideen kommen Ihnen? Schreiben Sie sie auf! Ganz gleich, wie verrückt sie Ihnen auch erscheinen mögen – schreiben Sie jede einzelne auf! Und dann schlagen Sie das Buch noch einmal am Anfang auf und beginnen von vorn. Natürlich war die Vorstellung mit dem Lottogewinn eine feine Sache, doch Ihre Realität sieht anders aus. Das macht aber nichts. Die Hauptsache ist, Sie haben erst einmal eine Grundidee. Diese kann sich verändern, vielleicht verwerfen Sie sie auch ganz. Dafür wird aber eine andere kommen, immerhin hat Ihre Kreativ-Abteilung einen klaren Auftrag von Ihnen bekommen.

Möglichkeit 2: Sie leben bereits Ihre Idee, doch Alltag und Sorgen haben Ihnen den Blick darauf verstellt und Sie blind gemacht für die Chancen, die sich Ihnen bieten.

Beispiel:

Sie sind Altenpfleger(in) geworden, weil Ihnen die Arbeit mit alten oder pflegebedürftigen Menschen Spaß gemacht hat. Heute aber, in Zeiten von Budgetkürzungen und Überarbeitung, ist dieser Job zum Albtraum mutiert und Ihre beiden Kinder machen die Schichtarbeit zum logistischen Tanz auf dem Hochseil. Kurz: Eigentlich würden Sie lieber heute als morgen hinschmeißen, wären da nicht die Miete und andere finanziell unerfreuliche Dinge.

Mein Tipp: Kochen Sie sich einen Kaffee/Tee und setzen Sie sich hin. Versuchen Sie, herunterzufahren und atmen Sie tief durch. Ganz tief. Denken Sie daran: Sie sind der Chef Ihres „Ich-Unternehmens“ und Sie haben es in der Hand, Ihr Leben zu ändern.

Nun nehmen Sie sich Zettel und Stift, schreiben Sie oben Ihr Ziel, Ihre Idee und unten Ihren Namen hin. Verbinden Sie beide mit einer geraden Linie. Und dann schreiben Sie auf die linke Seite alles, was Ihnen an Ihrem Beruf und dem Drumherum heute nicht mehr gefällt. Und auf der anderen Seite schreiben Sie jeweils hin, was Sie anders machen würden, wenn Sie denn könnten.

Nun schneiden Sie den Zettel durch und behalten nur die rechte Seite. Erteilen Sie Ihrer Kreativ-Abteilung einen klaren Auftrag. Das, was auf der rechten Seite Ihres Zettels steht, das wollen Sie. Dann lassen Sie los. Überlassen Sie den Jungs die Arbeit. Aber wenn Sie morgen zur Arbeit fahren, dann nehmen Sie bitte Ihren Zettelabschnitt mit. Legen Sie sich ihn ins Portemonnaie. Und halten Sie Ausschau. Sehen Sie sich Ihren Arbeitsalltag, das Haus, Ihren Chef, die Kollegen, die technischen Hilfsmittel, die Ihnen zur Verfügung stehen, ganz genau an. Beobachten Sie, während Sie die Gänge entlang eilen und Ihren Job machen. Versuchen Sie jeden Tag, ein klein wenig von dem umzusetzen, was auf Ihrem Zettel steht. Und achten Sie auf die Ideen, die Ihnen kommen. Vielleicht stolpern Sie schon am Wochenende über eine Anzeige in der Zeitung. Oder eine Kollegin klagt Ihnen ihr Leid und Sie beschließen, sich gemeinsam etwas Neues oder Eigenes zu suchen. Vielleicht wollen Sie auch größer denken. Wenn Deutschland in den nächsten Jahrzehnten etwas reichlich haben wird, dann sind das alte und pflegebedürftige Menschen. Machen Sie doch Ihr eigenes Haus auf! Ich weiß, die Idee klingt verrückt, aber „ver-rückt“ hatten wir doch schon, oder ☺? Denken Sie weiter, denken Sie groß. Wo noch könnte Ihr Weg hingehen? Klein, ausgebeutet, unterbezahlt und überarbeitet können Sie sich auch morgen bei der Arbeit noch fühlen, heute aber ist der richtige Zeitpunkt für Gedanken, die weit über den Tellerrand hinausgehen.

Szenario 2:

Sie haben zwar eine gute Grundidee, die Sie tatsächlich morgens aus dem Bett treibt, aber es mangelt an Ideen für die Umsetzung.

Lösungsansatz: Gehen Sie dorthin, wo Ihre Idee zuhause ist. Lassen Sie den finanziellen Aspekt erst einmal beiseite, konzentrieren Sie sich zunächst auf Ideen zur Umsetzung. Halten Sie sich eine Zeitlang dort auf, wo Ihre Idee wohnt. Wollen Sie einen Secondhandladen für Kinderbekleidung aufmachen? Dann lernen Sie alle Mitbewerber in einem Umkreis von diversen Kilometern kennen. Die Idee der 48. Bäckerei reizt Sie? Lernen Sie die 47 anderen Bäckereien und deren Angebot kennen. Durchforsten Sie das Internet, lesen Sie alles, was es zu diesem Thema zu lesen gibt.

Und auch, wenn Ihnen folgender Vorschlag ungewöhnlich vorkommen mag: Lesen Sie Biographien erfolgreicher oder besonderer Menschen. Zum einen werden Sie feststellen, dass die meisten dieser Menschen ihre besten Ideen, ihre größten Erfolge nach einer Zeit tiefster Krisen hatten, zum anderen sind diese Menschen in der Regel Wege gegangen, die sich andere nicht zugetraut haben. Tauchen Sie ein in diese Geschichten und ziehen Sie für sich heraus, was immer Sie gebrauchen können.

Szenario 3:

Die Idee ist da, Ideen zur Umsetzung haben Sie reichlich, aber das Geld fehlt.

Wenn Sie nun denken, dass dieser Punkt das Hauptübel schlechthin ist, dann irren Sie sich. Das größte Problem der Menschen ist, überhaupt einen eigenen Weg zu kreieren. Aber der finanzielle Aspekt kann dem Jungbesitzer eines Minipfades schon die Laune verderben. Wenn Sie also nicht über eine spendable Erbtante oder einen gut verdienenden Partner verfügen, dann müssen Sie kreativ werden. Auch wenn ich mich nun bei Banken und sonstigen Finanzierungsunternehmen unbeliebt machen sollte: Versuchen Sie, keine Kredite aufzunehmen. Wenn Sie einen guten Draht zu Ihrer Bank haben und es nur um wenig Geld geht, dann mag das gehen, aber für alle anderen gilt: Suchen Sie sich andere Wege.

Durchforsten Sie zunächst Ihre eigene Umgebung. Was brauchen Sie dringend, um anfangen zu können, und was davon können Sie mit einfachsten Mitteln oder geringem Aufwand selber übernehmen? Wenn Sie ein Büro benötigen, dann reicht vielleicht zu Beginn auch der heimatliche Küchentisch, der tagsüber zum Schreibtisch umfunktioniert wird. Wenn Sie einen Laden oder Inventar brauchen, versuchen Sie es über Zeitungsannoncen und dem Internet. Machen Sie bei Freunden und in der Familie publik, dass Sie diese Dinge benötigen. Fragen Sie, haken Sie nach. Seien Sie ständig präsent und halten Sie die Augen offen. Wir leben in einer Zeit, in der viele Unternehmer aufhören. Es gibt überall Läden zu vermieten, einschlägige Internetbörsen platzen mit ihren Angeboten aus allen Nähten. Es gibt alles im Überfluss. Aber vielen geht es wie Ihnen: das Startkapital fehlt. Und deshalb gibt es immer mehr Vermieter, die sich auf unkonventionelle Bedingungen einlassen. Vielleicht können Sie Inventar übernehmen? Vielleicht benötigen Sie gar nicht so viel Startkapital, wie Sie annehmen. Gehen Sie unbeirrbar davon aus, dass Sie eine Lösung finden werden – und seien Sie kreativ.

Szenario 4:

Sie haben Idee und Konzept, befürchten aber, davon zunächst finanziell nicht über die Runden zu kommen.

Lösungsansatz: Dann nehmen Sie einen Job an. Irgendeinen! Und wenn Sie beim Discounter an der Kasse sitzen. Aber machen Sie mit sich einen Vertrag. Sie tun dies für ein Jahr! 12 Monate, nicht einen einzigen länger! Und ganz gleich, welche Art von Arbeit Sie machen, im Fokus liegt Ihr eigener Minipfad. Ihren Job erledigen Sie zuverlässig und gut, doch wenn Sie nach Hause kommen, streifen Sie die Gedanken an ihn ab wie einen Mantel. Es ist nur ein Aushilfsjob. Er hilft Ihnen, über die Runden zu kommen, während Sie Ihre Idee umsetzen und wachsen lassen. All Ihre Kraft geht in diese Idee, nicht in den Job. Sie haben maximal ein Jahr Zeit, Ihren Minipfad zu einem belastbaren Weg auszubauen, Sie haben keine Zeit, sich über Ihren Job Gedanken zu machen. Nutzen Sie ihn als Sprungbrett und bleiben Sie nicht an ihm hängen. Er ist nur solange wichtig, bis Ihr „Ideen-Baby“ laufen gelernt hat.

Szenario 5:

Ihre Idee hat gar nichts mit Ihrem Beruf oder Geldverdienen zu tun. Und trotzdem fällt es Ihnen schwer, Ihre Idee umzusetzen.

Beispiel:

Sie haben einen mehr oder weniger ausfüllenden Beruf doch Ihre geheime Leidenschaft ist das Malen. Sie würden gern einmal Ihre Bilder ausstellen, Sie würden sich gern einmal mit anderen Malern treffen, doch Sie haben überhaupt keine Idee, wie Sie das anstellen sollen. Und ein bisschen schüchtern sind Sie obendrein auch noch.

Lösungsansatz: Schließen Sie die Augen. Stellen Sie sich als die Person vor, die Sie sind, wenn Sie Ihre Idee leben. Wie fühlen Sie sich? Wie sind Sie gekleidet, wie benehmen Sie sich? In welchem Umfeld halten Sie sich auf? Mit welchen Menschen umgeben Sie sich? Lassen Sie das Bild so deutlich wie möglich werden. Sehen Sie ganz genau hin. Und wenn Ihnen das Bild so perfekt erscheint, dass Sie sofort in diese Szene eintauchen und dort weiterleben könnten, dann machen Sie ein imaginäres Foto davon. Halten Sie diese Szene fest. Nun müssen Sie wieder kreativ werden, aber inzwischen sind Sie ja geübt darin. Nehmen Sie sich Ihren Zeichenblock oder ein anderes Medium und zeichnen oder malen Sie dieses Foto so detailgetreu, wie es irgendwie geht. Für all jene, für die das Beispiel mit dem Maler nicht passt und die auch künstlerisch nicht so begabt sind, wäre eine Collage aus den Bildern unserer bunten Gazetten eine Möglichkeit, die Ideal-Szene festzuhalten. Finden Sie einen Weg, dieses Bild nicht nur vor Ihrem geistigen Auge zu haben, sondern es sich auch ganz real ansehen zu können.

Und nun vergleichen Sie diese beiden Personen. Wo ist der Unterschied? Sind Sie vor Ihrem geistigen Auge eine fröhliche, gastfreundliche Person, die lachend und aufgeschlossen mit anderen Künstlern spricht, im Moment aber eher die graue Maus, die sich schüchtern im Hintergrund hält? Stehen Ihre Bilder in Ihrer imaginären

Szene in einer Galerie, während sie in Ihrem realen Leben eingepackt im Keller stehen? Sehen Sie genau hin. Und dann beginnen Sie, Ihr äußeres Leben an Ihre Szene anzupassen. Deshalb ist es so wichtig, sich dieses Bild genau einzuprägen. An diesem Bild orientieren Sie sich. Gehen Sie dorthin, wo Künstler sich aufhalten. Suchen Sie in Internet-Foren nach Künstlern, die ebenfalls noch ziemlich weit unten auf der Bekanntheits-Skala sind. Nehmen Sie Kontakt mit ihnen auf, veranstalten Sie eine gemeinsame Ausstellung. Nehmen Sie die Sache in die Hand, viele „brotlose Künstler" warten nur darauf, dass jemand ihnen einen Weg aus ihrer Unbekanntheit zeigt.

Szenario 6:

Sie kommen überhaupt nicht in Gang und haben den totalen Durchhänger. Eine Idee ist zwar da, doch der zündende Funke springt nicht über – und eigentlich ist das Fernsehprogramm sowieso interessanter.

Hier gibt es wieder zwei Möglichkeiten.

Lösungsansatz 1: Eigentlich fühlen Sie sich pudelwohl in Ihrem Elend - und dann dürfen Sie auch gern dort bleiben! Stellen Sie das Buch in den Schrank, eines Tages wird es Ihnen wieder in die Hände fallen. Und vielleicht können Sie dann damit etwas anfangen.

Lösungsansatz 2: Ihr innerer Schweinehund ist kein Hund, sondern von Größe und Gewicht her ein Dinosaurier. Abhilfe schafft hier nur ein kräftiger Selbsttritt in den Hintern und das Anerkennen der Notwendigkeit, etwas ändern zu müssen. Stellen Sie sich also vor den Spiegel und fragen sich, ob das, was Sie gerade tun, wirklich das Beste ist, was Sie aus Ihrem Leben machen können. Hat der smarte Typ „*Ablenkung*" Sie wirklich so im Griff, dass selbst Herr Verstand nicht mehr gegen ihn ankommt? Haben Sie Ihr Zepter wirklich abgegeben? Oder ist da noch irgendwo ein

Rest Selbstdisziplin, den Sie aktivieren können? Wenn Sie nun mit dem Kopf schütteln, dann sehen Sie bitte unter Lösungsansatz 1 nach. Nicken Sie aber, gehen Sie sofort zu Ihrem Fernseher und ziehen den Stecker. Packen Sie Ihr Nintendo, Ihre Playstation oder was Ihnen sonst im Weg zu Ihrer Selbstverwirklichung steht, weg und machen einen Vertrag mit sich: Drei Wochen lang werden Sie weder fernsehen, noch sich sonst wie ablenken lassen. Und dann fangen Sie mit diesem Buch noch einmal von vorne an. Stehen Sie morgens früh auf, gehen Sie raus, verlassen Sie Ihre Wohnung und tun Sie alles, um aus Ihrem gewohnheitsmäßigen Trott herauszukommen. Und behalten Sie den smarten Typen auf Ihrer Chefabteilung fest im Auge. Er hat sich viel zu lange in Ihrem Chefsessel gelümmelt, es wird Zeit, ihn wieder in die Teeküche (oder an einen anderen, vielleicht noch weiter entfernten Ort) zu verbannen.

Szenario 7:

Sie hatten Ihre Idee, Sie haben sie umgesetzt – und nun brechen Sie ein.

Lösungsansatz: Dieses Szenario kommt weit häufiger vor, als Sie vielleicht denken. Sie sind also beileibe nicht der einzige Minipfad-Besitzer, der hin und wieder stolpert und sich schmerzhaft die Knie aufschlägt. Hier gilt es, die Ruhe zu bewahren. Rufen Sie sich in Erinnerung, was Sie haben. Sie sind nun so weit gekommen, aber dieser Einbruch will Ihnen etwas sagen.

Auch hier gibt es wieder zwei Möglichkeiten:

Möglichkeit 1:

Ihr Minipfad geht gerade bergauf, es ist heiß und der Weg steinig. Halten Sie durch, gehen Sie weiter, Schritt für Schritt. Irgendwann ist dieser Anstieg zu Ende und Sie werden in eine atemberaubende Landschaft hoch über allem anderen schauen können. Holen Sie sich Ihre Idee immer wieder vor Ihr geistiges Auge, blättern Sie noch einmal in den Zetteln von vor langer Zeit. Sie sind so weit gekommen und ein wenig Anstrengung kann Ihnen doch nichts anhaben. Machen Sie weiter, jeden Tag einen weiteren Schritt.

Möglichkeit 2:

Wenn Sie Möglichkeit 1 ausgeschöpft haben, aber noch immer den Eindruck nicht loswerden, dass „etwas nicht stimmt", dann nehmen Sie sich noch einmal Zeit für eine Bestandsaufnahme. Es kommt vor, dass sich Ideen verändern. Vielleicht war Ihre Idee nur ein Mittel zu dem Zweck, Sie von dem Mainstream loszureißen. Doch nun, nach einigen Kilometern auf Ihrem Minipfad, kommt die eigentliche Aufgabe auf Sie zu. Sehen Sie hin. Was an Ihrer Idee reizt Sie nicht mehr? Warum kommt Ihnen alles so schwer und sinnlos vor? Aber lassen Sie sich nicht herunterziehen. Vielleicht war Ihre Idee nur der Anfang, und da Sie Ihren Weg gegangen sind, ist es nun an der Zeit, sich der eigentlichen Lebensaufgabe zu stellen. Denken Sie positiv: Sie sind nun an der richtigen Stelle Ihres Weges angekommen, um eine noch größere Idee ins Leben zu rufen. Sehen Sie hin, treffen Sie sich mit Ihrer Kreativ-Abteilung. Da wartet etwas auf Sie. Was ist es?

Aber bitte denken Sie niemals darüber nach, umzudrehen und zurück zum Mainstream zu laufen. Sie selbstdenkender, sich selbst bewusster Mensch würden dort schnell unter die Hufe kommen. Bleiben Sie auf Ihrem Minipfad – er gehört Ihnen schließlich! Und da vorne, nur wenige Schritte vor Ihnen, wartet eine lachende Idee darauf, von Ihnen wahrgenommen zu werden.

Szenario 8:

Sie sind viel zu schüchtern, um für Ihre Idee in Eigenwerbung unterwegs zu sein oder auch nur auf sich aufmerksam machen zu wollen.

Lösungsansatz: Sie sind eher der zurückhaltende Typ, für die Umsetzung Ihrer Idee müssten Sie aber Marktschreier sein? Zunächst fragen Sie sich doch bitte, wieso eine kleine Maus wie Sie (glauben zu sein) eine solche Idee hat. Wie kamen Sie auf diese Idee? Kann es sein, dass diese Idee weit besser zu Ihnen passt als Ihr Selbstbild? Sind Sie wirklich so schüchtern, so zurückhaltend und unsicher, wie Sie meinen? Oder sind es die Vorzimmerdame „*Erfahrung*" und der innere Schweinehund, die Sie im Griff haben? Besuchen Sie einen Rhetorikkurs. Viele Volkshochschulen bieten diese für wenig Geld an. Üben Sie, selbstbewusst vor anderen Menschen zu reden. Wenn diese Idee, die Sie morgens aus dem Bett treibt, ein solches Können voraussetzt, dann können Sie es auch. Sie wissen es nur noch nicht oder trauen es sich nicht zu. Andere Menschen müssen für Ihre Ideenumsetzung eine neue Sprache lernen, umziehen oder eine Ausbildung machen. Warum sollten Sie nicht einen Rhetorikkurs besuchen können? Es stimmt allerdings, dass es Menschen gibt, denen es deutlich leichter fällt, vor anderen Menschen zu sprechen oder in die Öffentlichkeit zu treten, als es bei Ihnen der Fall zu sein scheint. Macht nichts! Es ist gut, dass nicht jeder eine „Rampensau" ist, der in der Öffentlichkeit steht. Werden Sie zu jemandem, der wenig, dafür aber klug spricht. Es fällt Ihnen schwer, Ihre Ware, Ihr Produkt wie ein Marktschreier zu verkaufen? Wer sagt denn, dass Sie das müssen? Immerhin gibt es auch genug Menschen, denen es auf den Geist geht, zu einem Kauf gedrängt zu werden. Gleichen Sie Ihre Zurückhaltung durch eine geschickte, fröhliche, außergewöhnliche Werbung aus. Seien Sie ruhig weiter dezent – aber seien Sie auffällig. Bleiben Sie zurückhaltend – aber bleiben Sie in Erinnerung. Machen Sie aus dieser „Schwäche" eine Stärke. Es gibt genug ellenbogen- oder kopfgesteuerte Menschen, es gibt genug grelle, aggressive und abstoßende Werbung, es gibt genug

Buhlerei um Kunden, Klienten und Patienten. Seien Sie anders. Und denken Sie daran, dass Sie durch Ihre zurückhaltende Art auch all jene ansprechen, die auf grell, laut oder marktschreierisch überhaupt nicht stehen. Verweilen Sie nicht bei Ihren Schwächen. Nehmen Sie sie zur Kenntnis – und dann machen Sie eine Stärke daraus.

Szenario 9:

Sie haben Ihre Idee oder einen neuen Job, Sie haben alles, was Sie dafür brauchen – doch Sie können nicht anfangen, weil Sie kleine Kinder haben, aber niemanden, der regelmäßig auf sie aufpasst.

Lösungsansatz: Was unsere Kinderbetreuung angeht, scheint es, als lebten wir in Deutschland noch im Mittelalter. Wie oft höre ich, dass Menschen ein Stellenangebot nicht annehmen können, weil die genehmigte Kindergartengruppe um 12 Uhr beendet ist, die Arbeitszeit aber auch bis 12 Uhr geht. Oder es gibt erst gar keine freien Kindergartenplätze. Da aber alles Meckern nichts nützt und Sie im Moment auch nicht weiter bringt, müssen Sie also wieder einmal selbst kreativ werden. Da wir unsere Kinder nicht einfach irgendwo abgeben wollen, müssen Sie jetzt also schnellstmöglich eine souveräne Person finden, die flexibel zur Verfügung steht. Eine Möglichkeit wäre, eine Anzeige in der Zeitung Ihrer Umgebung aufzugeben. Auch das Fragen in Ihrer Kirchengemeinde kann zu nützlichen Kontakten führen. Wenn das nicht zu einem befriedigenden Ergebnis führt, dann müssen Sie wohl oder übel größer denken. Sie sind ja nicht die einzige Mutter, die einzigen Eltern, die sich mit diesem Problem herumschlagen müssen. Und es gibt genug arbeitslose Erzieher/innen. Gründen Sie eine Gruppe, organisieren Sie eine (Halbtags-)Erzieherin. Ich weiß, das klingt ziemlich abgehoben. Aber rechnen Sie sich das einmal aus. Was würden Sie zahlen, wenn Sie Ihr Kind in den Kindergarten bringen könnten? Nun multiplizieren Sie das mit 5 oder 6 Kindern – und schon haben Sie einen lukrativen

Nebenerwerb für eine arbeitslose Erzieherin. Vielleicht gibt es in Ihrem Umfeld jemanden, der sich vorstellen könnte, Tagesmutter zu werden. Forschen Sie nach. Sie wollen Ihre Idee umsetzen und gleichzeitig Ihre Kinder gut untergebracht wissen. Tun Sie etwas dafür – und vielleicht holen sie dadurch einen anderen Menschen aus seiner Arbeitslosigkeit und verhelfen ihm zu einer sinnvollen Beschäftigung.

Ein Wort über …

… kleine, große, krumme, gerade, verflixte, versponnene, leise, laute, realistische und verrückte Ideen:

Ganz gleich, wie Ihr Problem aussehen mag, lassen Sie sich niemals einreden, dass etwas nicht geht. Etwas geht vielleicht nicht in altbekannter Weise, das mag sein. Aber Menschen haben durch ihr über den Tellerrand Hinaussehen Dinge wie Flugzeuge und Handys erschaffen. Alle Erfindungen, alle Erneuerungen sind entstanden, weil jemand weiter gedacht hat als alle anderen. Als Karl Wilhelm Otto Lilienthal anfing, laut über das Fliegen nachzudenken, hat man ihn ausgelacht und ihn verspottet. Heute, mehr als 100 Jahre später, sind Flugzeuge am Himmel so normal, dass kaum jemand mehr zu ihnen hinaufsieht. Hätten die Menschen um das Jahr 1900 das glauben können, wenn man ihnen diese Entwicklung vorhergesagt hätte? Wohl kaum. Sie können also nicht wissen, was aus Ihrer Idee wird und wie es sich entwickelt. Denken Sie niemals klein, denken Sie groß. Und gehen Sie immer davon aus, dass Sie unbeirrbar Ihrer Idee folgen. Seien Sie flexibel, seien Sie offen für Veränderungen, seien Sie offen für Kurs-Korrekturen … und seien Sie vor allem offen für Entwicklung. Herr Werner Otto, Gründer des Otto-Versands in Hamburg, hat mit dem Haustür-Verkauf von Schuhen aus Holz begonnen. 1950 brachte er seinen ersten Katalog mit zunächst 14 Seiten und einer Auflage von 300 Stück heraus. Bereits fünf Jahre später machte das Unternehmen einen Umsatz von 28 Millionen. Und nun schauen Sie sich das Imperium heute an. Hätte Herr Werner Otto seiner Idee vom Katalogverkauf keinen Spielraum für Entwicklung gegeben, würde es diese Firma wohl heute nicht mehr geben.

Wenn Sie eine Idee aus Ihrer Kreativ-Abteilung bekommen, dann weiß Ihr Unterbewusstsein das. Und weil es auch über Ihre Talente und Fähigkeiten Bescheid weiß, werden Sie vielleicht Ihnen verrückt erscheinende Ideen mit auf Ihrem Spickzettel haben, niemals aber Ideen, zu denen Ihnen jegliches Geschick fehlt.

Ein Beispiel gefällig?

Meine eigene Kreativ-Abteilung würde mir niemals mit einem Vorschlag kommen, der mit „Kochen" zu tun hat. Meine Koch-„künste" sind sehr nah an der Rubrik „Körperverletzung" angesiedelt, was daran liegt, dass ich überhaupt keine Lust dazu habe. Ja, der Gedanke daran, abends kochen zu müssen, bereitet mir den ganzen Tag über Magenschmerzen. Könnte ich trotzdem das Kochen lernen? Natürlich. Mit dem richtigen Lehrer (er müsste die Geduld in Person sein) und einem triftigen Grund würde ich es selbstverständlich lernen können. Aber würde ich jemals so begnadet und kreativ sein wie diejenigen, denen es wirklich im Blut liegt? Wahrscheinlich nicht.

Das Gute an der Sache ist, dass es nicht ohne Grund so viele verschiedene Berufe und Hobbys gibt. Und ich halte es für absolut sinnlos, Energie in etwas zu stecken, das mich nicht im Mindesten anspricht. Solange mich nicht eine innere oder äußere Not dazu zwingt, werde ich persönlich um das Thema „Kochen" einen weiten Bogen machen.

Wenn Sie nun also eine Idee bekommen haben, dann weiß Ihr Inneres, dass Sie dazu auch die Fähigkeiten haben oder diese zumindest in Ihnen angesiedelt sind und somit aktiviert werden können. Deshalb ist es so wichtig, Ideen nicht gleich wieder zu verwerfen, sondern sie sich sehr genau anzusehen.

… die Einstellung zur Arbeit als Angestellter:

Vielen Menschen gruselt es bei der Vorstellung, sich beruflich selbständig zu machen. Und für viele ist es auch der falsche Weg. Wenn Sie also Magenschmerzen bei der Vorstellung bekommen, dann hören Sie auf Ihr Bauchgefühl. Das heißt aber nicht, dass Sie nicht „selbständig" sein können. In jedem Beruf, in jedem Job sollte es darum gehen, ihn so gut wie möglich zu machen. Ganz gleich, was Sie beruflich machen, fragen Sie sich an jedem Abend, ob die Art Ihrer Arbeit an jenem Tag das Beste war, was Sie geben konnten. Ihr Chef hat Ihnen eine Aufgabe zugeteilt. Innerhalb dieser Aufgabe sind Sie verantwortlich – und dabei spielt es überhaupt keine Rolle, ob Sie beim Discounter an der Kasse sitzen oder als leitender Mitarbeiter in einem Architektenbüro arbeiten. Innerhalb Ihrer Ihnen zugewiesenen Tätigkeit sind Sie frei in Ihrer Entscheidung, wie Sie diese ausüben werden. Wir alle kennen das: ein riesiger Discounter, sechs geöffnete Kassen, die Arbeitsbedingungen sind für alle Kassiererinnen gleich. Und doch ist die eine fröhlich, die andere höflich und aus der nächsten bekommt man kaum einen „Guten Tag" heraus. Nun können Sie natürlich argumentieren, dass bei der Fröhlichen die Schicht gerade erst begonnen hat, während die Mundfaule schon seit Stunden dort sitzt und heute wirklich nur die doofen Kunden hatte. Wahrscheinlicher aber ist, dass die Fröhliche Ihren Beruf mag, während die andere ihn einfach nur tut. Geld und Arbeitszeit sind in etwa gleich, nur die Einstellung ist anders. Und wer, meinen Sie, kann diese Einstellung ändern? Richtig …☺ !

Noch ein Beispiel gefällig?

Da verbringt man kostbare Zeit in der telefonischen Warteschleife eines Telefon- oder Stromanbieters oder sonstiger „Dienstleistungs"-Unternehmen. Man wird herumgereicht, weitergeleitet und sagt seinen Text ungefähr 20 Mal auf. Und doch scheint es niemanden wirklich zu interessieren. Ja, man gewinnt doch den Eindruck, dass man einfach nur zu blöd ist, um sein Problem zu lösen, und sowieso selbst Schuld ist an der Misere. Und dann, plötzlich, haben wir jemanden an der Strippe, der sich anhört, was wir zu sagen haben. Es ist zwar inzwischen das 21. Mal, aber sein´s drum … Wir sind so froh, dass überhaupt jemand hinhört. Und dieser Jemand kümmert sich sogar, ja, er ruft uns tatsächlich zurück, hat etwas herausgefunden, was uns weiterhelfen könnte, hat sich informiert, eingesetzt. Wir sind sprachlos, perplex und schon beinahe bereit, diesem Unternehmen all seine Kunden-Unfreundlichkeit zu verzeihen.

Wo nun liegt der Unterschied? Was tat der eine Mitarbeiter, was der andere nicht auf die Reihe kriegte? Es ist die Einstellung zum Beruf. Und eine gute Einstellung zu Ihrer Tätigkeit kann Ihnen niemand befehlen. Sie haben sie oder Sie haben sie nicht. Es liegt an Ihnen.

Wenn Sie also morgen früh zur Arbeit gehen, dann machen Sie sich bewusst, dass mit Ihnen das gesamte Team Ihres „Ich-Unternehmens“ mitgeht. Sie treten Ihre Arbeitszeit mit einem hochmotivierten Team an. Ihr Arbeitsplatz ist Ihre kleine Minifirma, in der Sie eigenständig und selbstverantwortlich arbeiten. 8 Stunden am Tag sind Sie dort der Chef, ganz gleich, wie viele Chefs tatsächlich über Ihnen stehen. Sie werden dafür bezahlt, dass Sie Ihr Bestes geben. Diesen Vertrag haben Sie unterschrieben, nun halten Sie ihn auch ein!

Und wenn Sie meinen, für so wenig Geld am Ende eines Monats auf gar keinen Fall mehr tun zu wollen, dann sind Sie am falschen Platz. Dann müssen Sie ihn räumen. Denn irgendwo wartet jemand darauf, genau diesen Platz einzunehmen und mit all seinen Chefetagen-Mitarbeitern auszufüllen. Wenn Sie nicht bereit sind, Ihr Bestes zu geben, dann müssen Sie gehen. Oder würden Sie als Chef sich selbst für diese Art von Einstellung, für die von Ihnen geleistete Arbeit bezahlen?

Wenn Sie das Buch bis hierher gelesen und mitgearbeitet haben, dann kennen Sie Ihre Chefetagen-Mitarbeiter in- und auswendig. Sie sind der Chef Ihres „Ich-Unternehmens". Und nun treten Sie bitte ein Stück zur Seite und sehen sich selbst an Ihrem Arbeitsplatz sitzend mit den Augen des Chefs, der Sie sind. Würden Sie einen solchen Mitarbeiter weiter beschäftigen wollen? Würden Sie sich selbst für das bezahlen, was Sie tun? Wenn Sie jetzt – wenn auch kaum merklich – mit dem Kopf schütteln, dann müssen Sie dringend etwas ändern. Nicht nur, dass Sie Ihrer Firma schaden, Sie schaden vor allem sich selbst. Oder woher soll Selbstbewusstsein kommen, wenn nicht durch das, was wir denken und tun?

…. die berufliche Selbständigkeit:

Sie haben sich also entschieden, sich selbständig zu machen. Die Selbständigkeit ist ein ganz besonderer Schritt im Leben und bedarf einer gründlichen Vorbereitungsphase. Denn mit dem Tag der Betriebseröffnung, ganz gleich, was Sie tun, stehen Sie mit einem Male ganz allein da. Da ist niemand mehr, der Ihnen ein Gehalt zahlt, da ist niemand, den es interessiert, wie Sie arbeiten. Sind Sie gut, bekommen Sie Kunden oder Klienten, sind Sie es nicht, spricht sich das ganz schnell herum, und Sie sind raus aus dem Spiel. Wer allerdings jeden Monat die Hand aufhält, sind Finanzämter, Krankenversicherer, Berufsgenossenschaften usw., um nur ein paar Wenige aufzuzählen. Trotzdem haben Sie sich für diesen Schritt entschieden … und das ist gut so. Denn nun haben Sie alle Möglichkeiten, Ihre Kreativität auszuleben. Dafür benötigen Sie eine funktionierende Kreativ-Abteilung, einen gut gelaunten Herrn Verstand, eine kleinlaute Vorzimmerdame und einen kurz angebundenen Schweinehund. Und Sie benötigen Selbstdisziplin – und diese in rauen Mengen.

Als unsere damalige Regierung die sog. „Ich-AG´s“ ins Leben rief, konnte ich es kaum fassen. Wenn ich zu den Verschwörungstheoretikern gehören würde, würde ich sagen, dass man mit Absicht tausende von zum Teil sehr jungen Menschen in den finanziellen Ruin hat laufen lassen. Was geschah damals? Jeder konnte sich selbständig machen und wurde für sechs Monate mit einer Summe ein paar hundert Euro monatlich unterstützt. Damit waren Kosten wie z.B. die Krankenversicherung abgedeckt. Für einen Menschen, der sich wirklich selbständig machen wollte, war das ein guter Einstieg, befreite er ihn doch von dem Druck, gleich eine bestimmte (hohe) Summe verdienen zu müssen. Für all die anderen aber, die in diesem Angebot nur die Möglichkeit sahen, morgens länger schlafen zu können oder nicht mehr ihrer öden Arbeit nachgehen zu müssen, wurden diese „Ich-AG´s“ zur finanziellen Falle. Und die meisten derjenigen, die zwar bereit waren, hart zu arbeiten, deren Idee aber nicht ausgereift war, gingen denselben Weg. Warum? Weil zum einen die finanzielle Unterstützung nach sechs Monaten ausfiel, die wenigsten aber bis dahin ein stabiles Einkommen aufbauen konnten, zum anderen, weil „Selbständigkeit“ nun einmal „selbst“ und „ständig“ bedeutet. Man muss dran bleiben, man muss weiter denken, man darf sich nicht ablenken lassen. Wer das aber nie gelernt hat, wird leider sehr schnell zum Opfer des smarten Typs „*Ablenkung*“ oder prallt gegen seinen inneren Schweinehund von der Größe eines Dinosauriers.

Was ich damals auch nicht verstanden habe, war die Bezeichnung „Ich-AG“. AG bedeutet Arbeitsgemeinschaft. Nun gehe ich davon aus, dass die Verantwortlichen für diese „Ich-AG´s“ damals nicht die Mitarbeiter unserer „Ich-Unternehmen“ meinten. Was also sollte dieses Wort bedeuten? Wie kann ich mit mir allein eine Arbeits**gemeinschaft** bilden? Gemeinschaft bedeutet, mit anderen zusammen zu sein. Wie kann ich das mit mir alleine schaffen? Ob das der Grund war, warum diese „Ich-AG´s“ genauso schnell vom politischen Tisch genommen wurden, wie sie einst entstanden waren? Zurück jedoch blieben die Gescheiterten und Verschuldeten.

Fallen Sie nicht auf so etwas herein! Ganz gleich, wie verlockend die Angebote von Staat und Bank auch sein mögen, bleiben Sie sich und Ihrer Idee unter allen Umständen treu. Machen Sie ein Foto von Ihrem Ideen-Umsetzungsplan, den Sie an der Wand hatten, und tragen es bei sich. Lassen Sie die Zettel noch eine Zeitlang hängen und bewahren Sie sie danach gut auf. Sehen Sie sich diese immer wieder an, wenn Frust oder Zweifel kommen. Lesen Sie dieses Buch immer wieder durch, manchmal genügt ein Nebensatz, der einen aufkommenden Zweifel auszuräumen vermag. Nehmen Sie sich immer wieder Auszeiten. Suchen Sie die Stille, sprechen Sie mit Ihrer Kreativabteilung. Die berufliche Selbständigkeit verlangt viel von einem ab, doch sie gibt auch viel. Wo sonst können Sie all Ihre Talente und Fähigkeiten einsetzen und gleichzeitig Ihre Schwächen zu Stärken machen?

… das Konkurrenzdenken:

Womit wir beim Thema bleiben. Unser gesamtes Leben lang wurde uns eingebläut, dass es wichtig sei, konkurrenzfähig zu sein. Das begann im Kindergarten, weil es immer jemanden gab, der schneller lernte, auf die Toilette zu gehen oder mit der Gabel zu essen. Und es ging in der Schule mit dem Notensystem weiter. Haben Sie sich einmal überlegt, wie entspannt Schule hätte sein können, wenn man uns beigebracht hätte, miteinander zu arbeiten, sich gegenseitig zu helfen, anstatt nur auf gute Noten fokussiert zu sein? In den meisten unserer Hobbys geht es um Konkurrenzfähigkeit, von unseren Berufen ganz zu schweigen. Und obwohl ich mit meiner folgenden Äußerung wahrscheinlich ganze Berufszweige gegen mich aufbringen werde, allen voran die Betriebswirte, sage ich hoch erhobenen Hauptes: Konkurrenzdenken ist fataler Unsinn!!!

Nun ist diese Erkenntnis nicht auf meinem Mist gewachsen und das Konkurrenzdenken nicht ein Übel der Neuzeit. Schon Jesus sah vor rund 2000 Jahren in diesem „Wunsch nach Überlegenheit“ die treibende Kraft dieser „schlechten“ Welt, die er überwinden wollte (Matthäus, Kap. 23).

Was bedeutet es, in Konkurrenz mit anderen zu treten? Es bedeutet, dass es kein Miteinander geben kann, sondern nur das Bild von Menschen, die besser sind als ich und jene, denen ich voraus bin. Um nicht überholt zu werden, muss ich stets besser, schneller, aggressiver, vollkommener sein als diejenigen, die mich einzuholen versuchen. Diejenigen aber, die vor mir sind, müssen sich vor mir in Acht nehmen, denn ich bin direkt hinter ihnen und versuche, Ihnen den Rang abzulaufen. Aber nur, um danach noch besser, schneller, aggressiver und vollkommener sein zu müssen. Sehr geehrte Leser. Schon während ich das aufschreibe, spüre ich, wie ich mich gestresst fühle. So ein Leben kann doch nicht das Beste sein, was ich zu erwarten habe. Das Buhlen um Kunden und Klienten hat dazu geführt, dass wir zunächst aus einer Vielzahl von Anbietern den für uns günstigsten heraussuchen konnten. Das Konkurrenzdenken führte dazu, dass aus Qualität Quantität wurde. „Geiz ist geil“ führte dazu, dass Ressourcen unerbittlich ausgebeutet werden, um noch mehr für noch weniger zu produzieren. Aber wo führt uns das hin? Die kleinen Tante-Emma-Läden sind Riesendiscountern gewichen, bei Bank und Post erledigen wir unsere Angelegenheiten mit einem Automaten, und wehe dem, Sie benötigen einen persönlichen Kontakt zu Ihrem Telefonanbieter. Planen Sie Zeit ein, es wird dauern! Resümee: Wir bekommen heute alles immer und sofort. Alles, nur keine Menschlichkeit. Aber genau das ist es, was die Menschen brauchen – und wollen. Immer mehr Menschen leiden unter der Kälte und Unmenschlichkeit in dieser Welt.

Seien Sie anders als Ihre Mitbewerber. Sehen Sie Ihre Kunden, Ihre Klienten nicht als „goldene Gänse“ an, sondern als Menschen. Natürlich müssen Sie sich behaupten, wenn Sie die 48. Bäckerei in Ihrem Viertel eröffnet haben. Aber doch bitte nicht dadurch, dass Sie durch aggressive Werbung oder Dumping-Löhne zurück in den Mainstream geraten, den Sie gerade erfolgreich verlassen haben. Überzeugen Sie durch ein Angebot, das Ihren Kunden mehr gibt, als sie Ihnen dafür an Geld zahlen. Das mag zunächst betriebswirtschaftlich unsinnig erscheinen, aber es wird sich durchsetzen, glauben Sie mir.

Nehmen wir als Beispiel die 48. Bäckerei. Sie haben Vorbestellungen für Schulbrote. Nun können Sie die belegten Brötchen einfach in eine Tüte packen, den Namen des Kindes darauf schreiben und fertig. Die Kinder kommen, holen ihre Tüte ab, bezahlen und gut ist. Stellen Sie eine persönliche Bindung zu ihnen her? Wahrscheinlich nicht. Wenn Sie sich aber abends nur eine halbe Stunde Zeit nehmen und die Tüten mit einem zusätzlichen Wunsch für den Tag, einem Smiley oder einem witzigen Spruch versehen, wenn Sie eine bunte Serviette mit hineinlegen oder an eine saisonale Kleinigkeit denken (Mini-Schokoweihnachtsmann etc.), dann fühlt sich jedes Kind persönlich angesprochen. Das bringt Ihnen erst einmal nicht mehr Geld in die Kasse und Sie haben zusätzliche Arbeit. Doch die Energie, die Sie durch Ihr Tun freisetzen, wird zu Ihnen zurückkehren. Andere Kinder werden kommen, es wird sich herumsprechen – und wer weiß, was sich daraus wieder an Kontakten knüpfen lässt. Lassen Sie niemals zu, dass Ihre Kunden, Ihre Klienten oder Patienten nur ein notwendiges Übel sind, um finanziell über die Runden zu kommen. Wenn Sie so empfinden, sind Sie im falschen Beruf! Und es spielt keine Rolle, ob Sie nun selbständig arbeiten oder angestellt, ob Sie Anwalt oder Lagerarbeiter sind. Lassen Sie nie zu, dass Ihnen die Menschlichkeit abhanden kommt. Es gibt von allem genug.

… den Sinn, Ihren Alltag zu entschärfen:

Der Alltag macht Sie fertig? Sie sind abends so erledigt, dass Sie kaum noch einen klaren, geschweige denn kreativen Gedanken fassen können? Hier hilft nur eine Radikalkur. Bestimmte Dinge lassen sich nicht ändern; die Kinder müssen vom Kindergarten abgeholt werden, der Einkauf erledigt sich auch nicht von alleine und ohne Arbeit kommen die meisten von uns auch nicht über die Runden. Dies sind also Dinge, von denen wir uns nicht lösen können, sie werden bleiben und müssen stramm durchorganisiert werden. Aber da sind die vielen anderen Dinge, die einem die Energie nehmen, die wie Mühlsteine um unseren Hals hängen und uns lähmen und motivationslos machen. Finden Sie heraus, welche es sind. Setzen Sie sich hin und gehen Sie einen klassischen Tag, eine normale Woche in Gedanken durch. Was genau macht Sie fertig? Ist es die Anzahl der Tätigkeiten, die Tätigkeiten selbst, der Zeitdruck oder alles zusammen? Sind Sie kräftemäßig überfordert oder müssen Sie Dinge tun, die Ihnen nicht gefallen oder die Ihnen nicht gut tun?

Nun müssen Sie schonungslos ehrlich zu sich sein. Schreiben Sie auf, was Sie abgeben würden, wenn Sie es abgeben könnten. Und dann machen Sie es, wie es für die Zielfindung beschrieben ist. Nehmen Sie sich einen Zettel, schreiben Sie Ihr Ziel darauf (z.B. kein Wohnungsputzen mehr) und geben es an Ihre Kreativ-Abteilung. Und dann schreiben Sie alle Idee auf, die sich auf Ihrer Chefetage versammeln. Vielleicht kreisen Ihre Ideen schon bald um eine Haushaltshilfe. Ihr Verstand tippt sich an die Stirn und das Buchhaltungs-Dreamteam bekommt Schnappatmung. Wovon Sie die denn bezahlen sollen, fragen die Drei. Aber bevor Sie die Idee nun in den Müll werfen, halten Sie doch einmal einen Augenblick inne. Überschlagen Sie, wie viele Stunden Sie am Tag oder in der Woche benötigen, um Ihre Wohnung auf Vordermann zu bringen. Für jemanden, der ungestört arbeiten kann und noch dazu Lust hat, weil er sein Geld damit verdient, geht es in der Regel noch schneller. Aber nehmen wir einmal an, in drei Stunden ist Ihre Wohnung sauber und aufgeräumt, sodass Sie nur noch die täglichen Handgriffe selber machen müssen. Eine Haushaltshilfe kostet Sie so im Monat und Durchschnitt bei drei Stunden/Woche rund € 120. Das sieht zunächst nach viel Geld aus. Doch überlegen Sie: Ist es Ihnen möglich, dieses Geld zusätzlich mit etwas zu verdienen, das Ihnen Spaß macht? Wenn ja, geht die Rechnung schon auf. Sie arbeiten ein bisschen mehr, sind dafür aber die leidige Großputz-Aktion jede Woche los. Wenn Ihnen dies das Geld wert ist, dann legen Sie los und suchen Sie sich eine Haushaltshilfe. Und sehen Sie es positiv: Mit dieser Tat sind Sie nicht nur die leidige Arbeit los, Sie schaffen sogar noch einen Arbeitsplatz für jemanden, dem dieser Job Spaß macht oder der dringend ein wenig Geld braucht. Es ist beiden Seiten geholfen und Sie tragen dazu bei, dass es auch dem anderen besser geht.

... den Marktschreier, der Sie nicht sind:

Sie haben eine Idee, die Sie morgens aus dem Bett treiben würde, wenn da nicht der Umstand wäre, dass die Grundidee sich nicht mit Ihrem wahren Ich zu verstehen scheint? Keiner von uns kann alles, wirklich gut ist man nicht in allen Dingen. Nun können Sie sich bei Ihrer Idee auf das konzentrieren, was Ihnen im Weg steht, was Ihre Schwächen sind. Wenn die Umsetzung Ihrer Idee bedeuten würde, dass Sie sich auf den Fischmarkt stellen und ihre Ware reißerisch anbieten, Sie aber schon rot werden, wenn mehr als drei Menschen Sie gleichzeitig ansehen, dann gibt es auch dafür eine Lösung. Fragen Sie sich zunächst, warum ausgerechnet diese Idee Sie so anzieht. Was ist es, was diese Idee in Ihnen auslöst?

Nehmen wir ein Beispiel: Sie wollen ein Ihnen wichtiges Produkt vermarkten, sind aber viel zu schüchtern oder bescheiden oder introvertiert, um sich in den Vordergrund zu stellen? Dann suchen Sie sich jemanden, der das kann. Bleiben Sie im Hintergrund, bauen Sie Ihre Idee, Ihr Unternehmen, Ihre kleine Firma auf, und schicken Sie den anderen an die „Kundenfront". Es gibt genug Menschen, die gern im Rampenlicht stehen, denen es überhaupt nichts ausmacht, sich in der Öffentlichkeit zu präsentieren. Vielleicht haben Sie jemanden im Bekanntenkreis, der sich gern zeigt. Schließen Sie sich zusammen. Oft ist es nämlich so, dass die „Rampensäue" nicht besonders gut darin sind, Hintergrundarbeit zu leisten. Es liegt Ihnen nicht, stundenlang in ihrem Kämmerlein zu sitzen und Ideen auszubrüten. Diese Menschen wollen raus in die Menge, wollen sehen und gesehen werden. Etwas kontinuierlich aufzubauen, in der Stille auf die eigene Kreativwerkstatt zu hören, fällt ihnen in der Regel sehr schwer. Aber das passt dann umso besser zu Ihnen. Und schon ist jeder von Ihnen für den Teil zuständig, der ihm besonders liegt, und es kann ein Ganzes daraus werden.

Ich kann es nicht oft genug sagen: Denken Sie weit über den Tellerrand hinaus. Gerade in der heutigen Zeit, in der nichts mehr sicher ist und sich alles jederzeit ändern kann, haben ausgefallene Ideen, haben neue Wege es viel leichter, als sie es noch vor 10 oder gar 20 Jahren hatten. Heute gibt es für beinahe alles Quereinsteiger-Möglichkeiten, es gibt Um- und Fortbildungen, es gibt Berufe, die es vor wenigen Jahren überhaupt nicht gab. Seien Sie mutig, Wege zu gehen, die weder ausgetreten noch stark befahren sind. Heute ist beinahe alles möglich. Und wer sagt Ihnen denn, dass Sie Ihre Idee ganz alleine umsetzen müssen? Tun Sie sich mit anderen zusammen, die genauso entschlossen sind, ihr Leben selbst in die Hand zu nehmen!

.... die Logistik und unser Unterbewusstsein:

Sie haben eine Idee, die Sie morgens aus dem Bett treiben würde, doch Sie haben kleine Kinder, die Sie für diese Zeit nicht adäquat unterbringen können? Oder Ihre finanzielle Situation lässt es nicht zu, dass Sie eine Umschulung machen? Lassen Sie auf gar keinen Fall Ihre Idee vom Haken. Stattdessen nehmen Sie sich wieder einen Zettel, schreiben unten Ihre Problem (Kinderunterbringung, benötigtes Geld oder was auch immer) und oben Ihr angestrebtes Ziel (Studium, Umschulung, Vollzeitarbeit etc.) hin. Der Zettel kommt wieder an die Wand und die gedankliche Auftragserteilung an die Jungs Ihrer Kreativ-Abteilung. Und nun lassen Sie sich wieder etwa zwei Wochen Zeit und schreiben alles auf, was sich an Ideen zu Ihnen auf die Chefetage traut. Schreiben Sie alles auf, ganz gleich, wie verrückt es Ihnen erscheinen mag. Wenn Sie bis hierher gelesen haben, kennen Sie den Ablauf bereits. Gehen Sie dorthin, wo Ihre Idee zuhause ist und sehen sich an, wie andere das Problem gelöst haben. Sie sind ja nicht der einzige Mensch mit kleinen Kindern oder schmalem Budget. Und nun kommt unser Unterbewusstsein richtig zum Zuge. Denn: Beschäftigen Sie sich nicht mit Ihrem Problem, sondern leben Sie gedanklich bereits Ihr Ziel. Steigern Sie sich da gern hinein, spüren Sie, wie Sie dort arbeiten, studieren, sich aufhalten etc.. Und dann, wenn Sie so richtig „im Fluss“ sind, wenn Ihre (zukünftige) Idee also bereits die (gespürte) Gegenwart ist, dann sehen Sie zurück und schauen sich an, wie Sie Ihr Problem „von einst“ gelöst haben. Unser Unterbewusstsein unterscheidet nicht zwischen Vergangenheit, Gegenwart und Zukunft. Wenn Sie in Gedanken in der Vergangenheit verharren und auf einer seelischen oder physischen Verletzung „herumkauen“, dann wird Ihr Unterbewusstsein dafür sorgen, dass Ihnen dieses scheinbar so wichtige Umfeld auch in Ihrer Gegenwart erhalten bleibt. Wenn Sie sich vorstellen, zu studieren oder Ihrem Lieblingsberuf nachzugehen, wenn Sie alles dafür tun, dass Sie dieses Gefühl auch wirklich nach außen hin leben, dann kann Ihr Unterbewusstsein gar nicht anders, als Ihnen genau dieses Umfeld zu gestalten.

... über unsere Gedanken:

Bleiben wir beim Kollegen „*Unterbewusstsein*“. Das ist ein Mitarbeiter Ihres „Ich-Unternehmens“, den ich Ihnen bisher noch gar nicht persönlich vorgestellt habe. Das liegt daran, dass es nicht wirklich ein Mitarbeiter, sondern eher jemand ist, der exakt das tut, was Sie sagen. Ohne Wenn und Aber, ohne Auflehnung, ohne Zank und Streit. Dafür aber mit einer Genauigkeit, die oft weh tut. Es ist ihm nämlich vollkommen gleichgültig, ob Sie etwas aus der Vergangenheit, der Gegenwart oder der Zukunft „durchkauen“. Für das Unterbewusstsein gibt es diese Zeitlinie nicht. Was immer wir also denken, findet für unser Unterbewusstsein im Hier und Jetzt statt. Und je mehr Energie wir in einen bestimmten Gedanken stecken, desto wichtiger scheint er uns zu sein, zumindest nimmt das unser loyaler Mitarbeiter an. Und nun wird er alles tun, damit wir das Umfeld für diesen uns scheinbar so wichtigen Gedanken auch tatsächlich erhalten – in der Gegenwart und in der Zukunft. Das Fatale ist nun, dass wir uns bei Gedanken um unsere finanzielle, berufliche oder private Situation eher auf die negativen Aspekte konzentrieren. Und schwups, wie ich bereits sagte, setzt Mitarbeiter Unterbewusstsein alle Hebel in Bewegung, um uns tatsächlich diese desolate finanzielle Situation, diese berufliche Perspektivlosigkeit, diese Einsamkeit oder Verletzbarkeit zu ermöglichen. In diesem Umfeld zu leben, scheint uns ja so wichtig zu sein, da wir ständig daran denken.

Nun feuern Sie diesen Mitarbeiter nicht gleich. Er ist der treueste, verlässlichste und zuverlässigste Mitarbeiter, den Sie haben. Zusammen mit dem inneren Kind und der Kreativ-Abteilung lässt er die anderen Teammitglieder wirklich dumm im Regen stehen.

Ich denke, Sie alle kennen den Spruch „Gedanken erschaffen Materie. Eines der hermetischen Gesetze lautet „Wie innen, so außen“. Und am Anfang dieses Buches haben Sie gelernt, sich von dem Problem weg hin zur Lösung zu orientieren. Doch warum funktioniert das tatsächlich? Was geschieht in uns, wenn wir uns „Gedanken machen“?

Unser Unterbewusstsein ist ein derart loyaler Mitarbeiter, dass er niemals Ihre Fähigkeiten als Chef anzweifelt. Was Sie sagen, ist Gesetz. Mit ihm haben Sie niemals diese Auseinandersetzungen, wie Sie sie mit Herrn Verstand, Ihrer Vorzimmerdame oder gar der Zicke haben. Er tut genau das, was Sie sagen. Immer! Überall!

Nun haben Sie als Chef aber in der Vergangenheit ein wenig geschwächelt. Der Rest Ihres reizenden Chefetagen-Teams hatte die Regie übernommen und Ihnen Angst und Ärger, Probleme und Perspektivlosigkeit signalisiert. Und da Sie nicht richtig bei der Sache waren, drehte sich schließlich alles nur noch um Pleiten, Pech und Pannen. Und da Ihr Unterbewusstsein Sie niemals anzweifelt, hat es eben dafür gesorgt, dass diese Saat auf gut vorbereiteten Boden fiel. Zusammengefasst: Solange sich Ihre Gedanken um Sorgen und Probleme drehen, werden Sie Sorgen und Probleme bekommen.

Doch dank der Kurskorrektur, die Sie vorgenommen haben, gibt es Licht am Ende des Tunnels. Nun sind Sie auf „Lösung“ programmiert, alles in Ihnen ist auf „Ziel“ orientiert. Und Ihr braver Mitarbeiter, der auch dieses Mal genau das tun wird, was Sie sagen, bereitet den Boden auch für diese Saat vor. Deshalb ist es so wichtig, dass alles, was Sie zukünftig denken, sagen oder tun, genau zu Ihrem Ziel passt. Deshalb die Ordnung in Wohnung und Kleiderschrank, deshalb das Meeting mit den Mitarbeitern, deshalb der selbstbewusste Blick in den Spiegel. Leben Sie Ihr Ziel, bevor es in Ihrer Realität angekommen ist. Und Ihr Mitarbeiter *Unterbewusstsein* hat keine Probleme damit, Ihnen genau dieses Umfeld zu erschaffen. Sobald Sie aber wieder damit anfangen, sich von Sorgen und Ängsten einfangen zu lassen, wird er auch dann wieder dafür sorgen, dass Sie bekommen, was Ihnen scheinbar so wichtig ist.

... das Geben und Nehmen:

Sie haben es geschafft. Was immer Sie in Ihrem Leben auch verändern wollten, Sie haben sich auf den Weg gemacht. Dabei spielt es keine Rolle, ob Sie bereits an Ihrem Ziel angekommen sind oder erst die ersten Schritte unternommen haben. Tatsache ist, dass Sie dabei sind, sich Ihren eigenen Minipfad zu erobern.

Nun haben nicht alle diese Möglichkeiten. Es gibt Menschen, vor allem Kinder, die in Verhältnissen leben, die sie zunächst einmal nicht zu selbständigen Menschen werden lassen. Es gibt alte Menschen, die abgeschoben werden, weil Sie „überflüssig" geworden sind. Es gibt Tiere oder unsere Umwelt, die dringend Hilfe benötigen. Setzen Sie sich großzügig dafür ein, entweder durch Zeit oder durch Geld. Denken Sie daran: Sie haben ein ausgezeichnetes Team fähiger Mitarbeiter, Sie haben den loyalen Mitarbeiter „Unterbewusstsein" und Sie haben eine ganze Etage voll mit Arbeitern, die nur auf Anweisungen warten. Sie haben Energie „ohne Ende". Niemand erwartet, dass Sie sich verzetteln, Ihr Fokus muss auf Ihre Idee gerichtet bleiben. Doch ein erfolgreicher Mensch ist großzügig. Und Sie haben nun den Schlüssel zu Ihren unendlichen Ressourcen gefunden, Sie können andere daran teilhaben lassen.

Finden Sie heraus, welcher Bereich Ihnen zusagt. Und dann setzen Sie sich ein. Helfen Sie, indem Sie persönlich und vor Ort helfen oder spenden Sie. 10 € machen Sie nicht arm, können aber auf der Nehmer-Seite eine Menge auslösen. Wir alle leben in einer Symbiose, niemand kann etwas ganz alleine tun. Wir brauchen uns, wir brauchen die Natur, die Tiere, wir brauchen eine Vernetzung, in der wir alle Zuhause sind. Ein alter Mensch hat jahrzehntelang seinen Beitrag geleistet. Möchten Sie eines Tages auch abgeschoben werden? Ein Kind hat von Natur aus alle Perspektiven. Warum dürfen soziale Unterschiede sie ihm nehmen? Eine Welt ohne Natur und Tiere wäre armselig, einmal abgesehen davon, dass die Natur sehr gut ohne uns, wir aber nicht ohne die Natur leben könnten.

Seien Sie großzügig, seien Sie großherzig – und es wird dank Ihres reizenden Mitarbeiters Unterbewusstsein vielfach zu Ihnen zurückkommen. Es gibt wirklich genug von allem, und wir können neben Geld auch „Dinge" wie Zeit, Geduld, Fähigkeiten und Gefühle verschenken. Lesen Sie in Krankenhäusern oder Altenheimen vor, helfen Sie in Tierheimen oder in Umweltschutzorganisationen, überlegen Sie, mit welchem Ihrer Talente Sie am ehesten unterstützen können. Und dann tun Sie es! Die Welt hat großherzige Menschen dringend nötig.

… Unlauterkeit und kriminelle Energien:

Ok, dieses Leben kann manchmal schon hart sein und unsere Gesetze sind zum Teil wirklich nicht nachvollziehbar. Der „kleine Mann" wird immer erwischt und hart bestraft, während die „großen Fische" ungeschoren davonkommen. Das mag ja alles sein, die Zeitungen sind voll mit solchen Berichten. Aber was hat das mit Ihnen zu tun? Die Meinung „Jeder muss zusehen, wie er seine Schäflein ins Trockene kriegt." gehört nicht in die Liga, in der Sie nun spielen! Ich kann es gar nicht deutlich genug sagen: Mich interessieren in diesem Falle nicht die deutschen Gesetze! Es geht um die universellen, um die hermetischen, um die geistigen Gesetze. Wenn Sie jemandem etwas stehlen, wenn Sie jemanden übervorteilen oder ihm auf sonst welche Art „das Geld aus der Tasche ziehen", dann machen Sie das, weil Sie das Gefühl von Mangel haben. Sie meinen, sonst nicht genug Geld zu bekommen oder mehr Zeit aufbringen zu müssen.

Das ist Mangelgefühl. Und nun lesen Sie noch einmal den Absatz über unser Unterbewusstsein. Sobald in Ihnen das Gefühl von Mangel besteht, wird sich Mangel in Ihrem Leben manifestieren. Wenn Sie glauben, jemanden übervorteilen zu müssen, wird Ihr Unterbewusstsein dafür sorgen, dass das Thema „Übervorteilung" in Ihrem Leben eine Rolle spielen wird. Anders ausgedrückt: wer bescheißt, wird beschissen werden, wer klaut, wird beklaut werden, wer lügt, wird belogen werden. Hermetische Gesetze! Ist ganz einfach! So verlockend, wie es auch sein mag – lassen Sie einfach die Finger davon.

Doch bevor nun einer unserer Gesetzgeber diesen Text liest, wohlwollend nickt und sagt: „Braves Mädchen!", muss ich sagen: „Irrtum. Ich bin alles, nur nicht brav!" Aber ich weiß, wie diese universellen Gesetze funktionieren, ich weiß, **dass** sie funktionieren. Und ich weiß, dass es Gesetze sind, die **für alle** funktionieren, für die großen, wie für die kleinen Fische. Und es wäre ja nur sehr mäßig schlau von mir, wenn ich in meinem Leben etwas tun würde, was sich sofort gegen mich wendet. Wenn ich stehle, werde ich Diebstahl, Verlust und Mangel in mein Leben holen. Entschuldigen Sie, aber wie blöde wäre das denn?! Nun ist es nicht so, dass ich mir das selbst nie passiert wäre, mitnichten! Aber ich habe daraus gelernt, manchmal auf äußerst schmerzvolle Weise.

Ein Beispiel gefällig?

Weihnachten 2011, Hektik an den Kassen, eine vollkommen überforderte Kassiererin. Ich bezahlte mit einem 20-€-Schein, sie gab mir auf € 50 heraus. Kurz nachgedacht, der Versuchung erlegen und das Geld eingesteckt. Frohe Weihnachten.

Aber nix da. Während ich nach Hause fuhr und mit meiner nicht wirklich vertretbaren Tat haderte, fuhr ich – schlechtes Gewissen geplagt – zu schnell und wurde geblitzt. Es hat vorher und auch danach nie wieder ein Blitzer an dieser Stelle gestanden. Schon war ich das Geld wieder los.

Nun können Sie denken, dass ich sowieso dort geblitzt worden wäre. Aber wer weiß das? Ich habe jedenfalls für mich beschlossen, den hermetischen und universellen Gesetzen wirklich und tagtäglich zu gehorchen und das Gefühl von Mangel nicht mehr aufkommen zu lassen. Klappt übrigens nicht immer, aber immer öfter. Das ist wie mit dem Klavierspielen-Lernen, man muss üben, üben, üben.

Lassen Sie das Gefühl von Mangel nicht zu, weder im beruflichen, noch im privaten Umfeld. Wenn Sie meinen, von etwas nicht genug zu haben, dann konzentrieren Sie sich auf das Haben und nicht darauf, es nicht zu haben. Wenn Ihnen das schwer fallen sollte, dann pinnen Sie wieder einen Zettel an die Wand und verfahren, wie bei Ihrer Zielfindung auch. Ich sage Ihnen, es klappt!

.... unsere verrückteste Idee:

Sie haben Ihre Idee umgesetzt, Sie haben Ihren Minipfad erobert. Doch auf Ihrem Zettel steht noch eine Idee, eine völlig verrückte, unrealisierbare, vollkommen surreale Idee. Und doch, immer, wenn Sie sie lesen, müssen Sie lächeln. Das wäre etwas ...!

Halt! Nicht lächeln und dann den Kopf schütteln. Nehmen Sie sich einen kleinen Zettel und schreiben Sie diese völlig verrückte Idee auf. Und dann legen Sie diesen Zettel in eine Schublade, in Ihr Portemonnaie oder sonst wo hin. Und alle halbe Jahr nehmen Sie diesen Zettel und schauen, ob Sie diese Idee immer noch reizt. Wenn nicht, ab in den Papierkorb damit. Wenn ja, zurück in Schublade oder ins Portemonnaie.

Was geschieht? Eines Tages werden Sie diese Idee umsetzen! Eines Tages sind Sie auf Ihrem Minipfad so bewandert, dass Sie bereit sind für neue Ideen. Für große Ideen! Und das ist dann der Zeitpunkt, sich dieser völlig verrückten, unrealisierbaren Idee auf Ihrem Zettel anzunehmen. Das ist der Zeitpunkt, wieder Plakate an die Wand zu hängen und die bis dahin größte aller möglichen Ideen umzusetzen.

Zum Schluss und in eigener Sache:

Das war es also. Sie haben ihr Ziel gefunden, haben angefangen, es umzusetzen oder haben nun alle Möglichkeiten, es zu tun. Sie haben alle Ihre Mitarbeiter kennen gelernt und Ihr Werkzeug an die Hand bekommen. Am Anfang dieses Buches habe ich gesagt, dass ich nichts voraussetzen würde. Um mit dem „Ich tue es jetzt!"-Prinzip arbeiten zu können, müssen Sie weder arm noch reich sein, Sie müssen sich nur selbst etwas wert sein. Sie müssen wollen!

Dieses Buch wurde von einem Macher für Macher geschrieben, von einem „Unternehmer" für „Unternehmer", für Menschen, die etwas unternehmen (... wollen, ... werden).

Natürlich werden Sie Fragen haben. Natürlich kann in einem Buch nicht alles besprochen werden. Wenn Sie nicht weiterkommen, nehmen Sie an einem meiner „Ich tue es jetzt!"-Seminare teil. Dort erwartet Sie ein Power-Wochenende, an dessen Ende Sie Ihre Fragen beantwortet haben.

Doch auch dann, wenn wir uns nie persönlich begegnen werden, bin ich an Ihrer Geschichte interessiert. Und somit richte ich hiermit eine Bitte an Sie:

Wenn Sie Ihr Ziel umgesetzt haben, wenn Sie sich Ihren Minipfad erobert haben, lassen Sie es meine Mitarbeiter und mich wissen. Schreiben Sie uns, mailen Sie uns. Erzählen Sie uns Ihre Erfolgsstory. Wir lieben Erfolg, wir ziehen den Hut vor jedem, der seinen eigenen Weg geht. Und mit Ihren Geschichten machen Sie wieder anderen Mut. So entsteht ein Geben und Nehmen, so entsteht Gemeinsamkeit. Und dann, eines Tages, erfahren Sie von einem, der auszog, seinen eigenen Pfad zu erobern und Ihre Geschichte als Auslöser empfand.

Und nun wünsche ich Ihnen alles erdenklich Gute auf dem Weg zu Ihrem Ziel. Bleiben Sie sich selbst treu, bleiben Sie standhaft, bleiben Sie zuversichtlich. Sie ahnen gar nicht, wie viel Spaß das Leben abseits des Mainstreams machen kann.

Herzlich, Bianca Bolduan

Und so erreichen Sie uns:

„Carpe diem“

www.carpediemnet.de

info@carpediemnet.de

Weitere Bücher der Autorin:

Niemandsland-Trilogie, Fantasy-Abenteuer

Band 1: „Das Land zwischen den Welten“, als E-book und Printausgabe (548 Seiten), ISBN 978-3-9813727-0-0

Band 2: Rückwärts und zurück“, als E-book und Printausgabe (556 Seiten), ISBN 978-3-9813727-1-7

Band 3. „Bis ans Ende der Zeit“, als E-book und Printausgabe (556 Seiten), ISBN 978-3-9813727-2-4

„LebensART – Ohne Dach und doch Zuhause“

1. Kurzgeschichte: „Wegweiser – Die Geschichte des Andreas S.“, als E-book und ab Weihnachten 2013 alle Geschichten zusammen als Printausgabe.

Stand: Mai 2013

Vorschau:

„Der Moorhof",

halbhistorischer Roman über einen energetisch stark belasteten Platz an der ostenglischen Küste. Was geschah dort wirklich im Jahr 1130, das den Platz bis heute heimsucht? Und wem gehörte das Medaillon, das Chad am Grab findet?

Erscheinungsdatum: ca. Sommer 2013

„Dragur und das Geheimnis der Eisinsel"

Dragur, der weiße Drache, lebt auf Smärdgard, einer Dracheninsel im Norden. Als nach dem Winter die Wale ausbleiben und auch die Vögel nicht zurückkommen, macht sich Dragur auf, das Geheimnis zu lüften. Doch er fliegt nicht allein. Ein Schatten verfolgt ihn und will ihn daran hindern, die Eisinsel zu finden.

Kinderbuch für Kinder ab ca. 8 Jahren, zum Vorlesen und als Selbstlesebuch geeignet.

Erscheinungsdatum: Sommer 2013

„Bunter Baum"

Was haben ein Siegelring, eine alte Wassermühle und die Frau vom Kiosk mit dem Tod der alten Dame aus dem dritten Stock zu tun?

In diesem Roman geht es um die Geschichte einer alten Frau, deren frühere Taten sie erst wenige Tage vor ihrem Ableben einholen und Erinnerungen wecken, die besser verdeckt geblieben wären.

Ein Roman voll humoriger Bosheit und bösem Humor.

Erscheinungsdatum: Weihnachten 2013

Weitere Infos und Aktuelles gibt es auf den Seiten:

www.nica-verlag.de

www.carpediemnet.de

11681433R00094

Printed in Germany
by Amazon Distribution
GmbH, Leipzig